l'inspiration, la référence au monde indien est constante chez les muralistes.

L'appui, c'est celui de l'écrivain José Vasconcelos, alors ministre de l'Éducation nationale, qui passe aux trois artistes assez de commandes officielles – à commencer par son propre ministère et par le palais national – pour couvrir de fresques des kilomètres de murs.

Mais l'idéologie du groupe aura vite raison de sa cohésion. Très politisés, Siqueiros, Rivera, sa femme (également peintre) Frida Kahlo, militent au parti communiste, ce qui leur vaut des critiques – on ironise sur ces «retables prolétariens» – et aussi des menaces.

Diego Rivera (1886-1957)

CONSTITUCION DE 1857
LEYES DE REFORMA

Diego Rivera (1886-1957)

REFORMA
RCIAL
DE CUBA
JOSE MARTI

José Clemente Orozco
(1883-1949)

Dans le climat de l'époque, nul ne s'étonne de voir Diego Rivera peindre, un revolver à portée de main... Bientôt, c'est entre eux que la division s'installe : tandis qu'Orozco prend quelque distance avec

la politique, Diego Rivera opte pour le trotskisme et Siqueiros, toujours stalinien, ira jusqu'à participer en 1940 à un attentat contre Trotski, réfugié alors à Mexico.

David Alfaro Siqueiros
(1896-1974)

En dépit de ses déchirements, l'école demeure créative jusqu'aux années 1970, avec Juan O'Gorman (1905-1982) et Siqueiros, dernier survivant des trois fondateurs. Resté politiquement activiste, Siqueiros

est emprisonné de 1960 à 1964... avant de recevoir en 1966 un prix des mains du président Díaz Ordaz. Dans l'art aussi, le Mexique moderne a intégré son turbulent passé.

Né en 1934, Bernard Oudin, essayiste et historien, est l'auteur de deux ouvrages polémiques, *Plaidoyer pour la ville* et *la Foi qui tue*. Il a publié en 1987 une importante biographie, *Aristide Briand ou la paix, une idée neuve en Europe*.

1er dépôt légal : avril 1989
Dépôt légal : janvier 1999
Numéro d'édition : 89969
ISBN : 2-07-053082-5
Imprimé en Italie
par Editoriale Lloyd

VILLA, ZAPATA
ET LE MEXIQUE EN FEU

Bernard Oudin

DÉCOUVERTES GALLIMARD
HISTOIRE

GUA
DAL
UPE.

A l'aube du XIXe siècle, le Mexique n'est encore que la Nouvelle-Espagne, une des quatre vice-royautés que Madrid possède sur le continent américain, à Mexico, Lima, Santa Fe de Bogota et Buenos Aires. Paradoxalement, ce siècle, qui va connaître un développement sans précédent du colonialisme européen, s'ouvre par l'émancipation de l'Amérique latine, premier jalon dans l'histoire de la décolonisation.

CHAPITRE PREMIER
LE SIÈCLE DES DICTATEURS

L'*hacendado* et son majordome, figures clés du Mexique rural, colonial et post-colonial. L'un possède, l'autre fait travailler. A gauche : le «cri de Dolorès», épisode marquant le départ de l'Indépendance.

Les colonies anglaises d'Amérique du Nord avaient donné l'exemple en s'émancipant les premières, dès 1776. Mais l'indépendance des Etats-Unis était uniquement le résultat d'une révolte de colons, à laquelle les Indiens colonisés n'avaient pris aucune part.

Au Mexique, comme en Amérique du Sud, la situation est plus complexe. Seule l'irritation des riches créoles mexicains contre les Espagnols, qui monopolisent les hautes fonctions administratives et religieuses, rappelle celle des Américains de la Nouvelle-Angleterre.

Si les Noirs, au Nord comme au Sud, fournissent une main-d'œuvre esclave, le rôle des Indiens est totalement différent en Amérique latine. Masse rurale, analphabète et vivant en semi-servage, sans doute. Mais une masse christianisée, au moins en surface, qui, contrairement aux Indiens du Nord, fait partie de la société coloniale, même si elle en constitue l'échelon le plus bas. En trois siècles, les mélanges entre Blancs et Indiens ont été si nombreux que les métis forment un embryon de classe moyenne.

En 1808, l'entrée de Napoléon en Espagne et la chute des Bourbons fournissent aux Mexicains l'occasion inespérée de se soulever

Dans sa boulimie de conquêtes, l'empereur des Français a placé sur le trône d'Espagne son frère Joseph, tout en retenant prisonnier à Bayonne le jeune roi Ferdinand. Ironie de l'Histoire, les premiers troubles qui agitent le Mexique visent moins l'Espagne que Joseph Bonaparte devenu la cible des manifestations de loyalisme envers le souverain légitime. Mais, très vite, les créoles réclament la formation d'une junte qui exercerait le pouvoir au nom de

Le 2 mai 1808, le peuple madrilène se soulève contre les soldats de Murat. Révolte spontanée, le célèbre *Dos de Mayo*, peint par Goya, marque le début de la guerre d'Espagne.

Ferdinand VII. Projet qui irrite le vice-roi. En quelques mois, la situation se détériore entre créoles et Espagnols.

En août 1810, un complot se trame à Queretaro, dont les leaders sont un officier, Ignacio de Allende, et le curé du village voisin de Dolorès, Miguel Hidalgo. Les autorités découvrent leurs plans, mais la femme du *corregidor* de Queretaro, Josefa Ortiz de Dominguez – figure légendaire de l'histoire

Les événements de la mère-patrie se répercutent en Nouvelle-Espagne : les créoles se dressent contre les *Gachupines*, les colons de souche espagnole.

mexicaine –, prévient à son tour les conjurés qui précipitent les événements.

A l'aube du 16 septembre 1810, le père Hidalgo lance le signal de la révolte sur le parvis de son église. *El grito de Dolorès* – le cri de Dolorès – résonne de village en village et, à ses trois cents paroissiens de la première heure, se joignent bientôt cinquante mille, puis quatre-vingt mille hommes.

Les premiers *Insurgentes* comptent de nombreux hommes d'Eglise, surtout dans le bas clergé. Parmi les plus célèbres Fra Gregorio (ci-contre), carme déchaussé, et surtout Hidalgo (en bas), curé de la petite ville de Dolorès.

Hidalgo, sans être un chef de guerre, est un entraîneur d'hommes qui galvanise Indiens et métis. Allende voudrait bien discipliner cette armée de va-nu-pieds, mais Hidalgo préfère conserver à la révolte son caractère spontané.

Guanajuato est prise, les Espagnols massacrés. Hidalgo marche sur la capitale, semble avoir la victoire à portée de main. Pour des raisons obscures il renonce, repart vers l'ouest, libère Guadalajara. Le vice-roi, Calleja, se ressaisit, d'autant que les créoles, effrayés par les excès des Indiens, se rapprochent de lui. Son armée se lance à la poursuite des rebelles et les écrase au pont de Calderón, sur le río Lerma. Les *Insurgentes* fuient en vain vers le nord, jusqu'au Texas. Allende est tué, Hidalgo capturé, livré à l'Inquisition qui l'excommunie, et fusillé à Chihuahua le 31 juillet 1811.

La relève est assurée par un autre curé de village, José María Morelos. Ce métis, plus doué pour la stratégie, va tenir tête aux Espagnols pendant quatre ans.

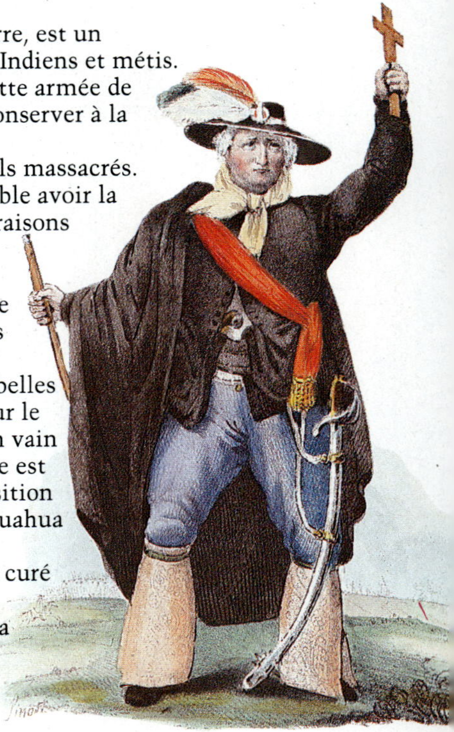

En août 1813, il s'empare

Sous cet uniforme chamarré de général d'opérette se cache un authentique homme de guerre, issu lui aussi du clergé, qui, après l'exécution d'Hidalgo, va reprendre le flambeau de la révolte. Morelos, simple curé du petit village de Caracuaro, dans le Michoacan, est d'une origine encore plus modeste qu'Hidalgo. Métis, il n'a reçu qu'une éducation assez fruste. Ce qui ne l'empêchera pas de montrer des talents militaires au moins égaux, sinon supérieurs, à ceux de son prédécesseur. Retranché dans les montagnes de Guerrero, il organise une armée de guerilleros assise sur les communautés paysannes et tient tête pendant quatre ans à des adversaires plus nombreux. Un moment, au début de 1812, il ira jusqu'à menacer la capitale.

d'Acapulco et réunit le premier Congrès mexicain dans la petite ville de Chilpancingo. C'est là que, le 6 novembre, il prononce une déclaration d'indépendance et proclame l'égalité des races et l'abolition de l'esclavage.

Sur le terrain, il se heurte à un excellent officier loyaliste, Agustín de Iturbide, futur instigateur de l'indépendance. Au hasard des retraites, le Congrès trouve le temps, en octobre 1814, de rédiger à Apatzingan la première Constitution de la future République. Mais la fin est proche. Morelos subit le sort d'Hidalgo. En couvrant la retraite des congressistes, il est capturé par les Espagnols et fusillé le 22 décembre 1815.

L'armée dite des «Trois garanties» (ainsi avait-on désigné les concessions arrachées par Iturbide au vice-roi d'Espagne) fait son entrée à Mexico, le 27 septembre 1821. L'événement marque le véritable début de l'histoire du Mexique indépendant.

La défaite des «Insurgentes», le retour de Ferdinand sur le trône d'Espagne semblent sonner le glas de l'indépendance mexicaine. Mais le mouvement va trouver un second souffle

Les créoles, qui se sont un temps rapprochés des Espagnols, n'ont pas renoncé pour autant à leurs ambitions autonomistes. Plus qu'à l'héroïsme malheureux de ses soldats, le Mexique va devoir son indépendance à des intrigues politiques et aux difficultés de l'Espagne.

En effet, en1820, les libéraux reviennent au pouvoir à Madrid en imposant une Constitution, ce qui inquiète le haut clergé mexicain. Paradoxalement, les prélats sont gagnés à l'idée d'indépendance par souci

de conserver leurs privilèges. Iturbide, l'artisan de la victoire espagnole, trahit à son tour le vice-roi et se rapproche des indépendantistes et de leur nouveau chef, Guerrero. En février 1821, à Iguala, un compromis est trouvé entre libéraux et conservateurs : le Mexique sera un royaume indépendant, gouverné par une junte provisoire. Le catholicisme demeure religion d'Etat.

Il reste à Iturbide à imposer le plan d'Iguala au dernier vice-roi, O'Donoja. Isolé, celui-ci doit signer le 24 août 1821 le traité de Córdoba, et Iturbide fait une entrée triomphale à Mexico.

Le Mexique est indépendant mais l'héritage colonial est difficile à liquider

La question des *jueros*, les privilèges du clergé, va diviser le pays et donner jusqu'à nos jours à la gauche mexicaine une coloration anticléricale. Par ailleurs, le fossé se creuse entre les *moderados*, partisans d'un pouvoir fort et centralisé, éternels soutiens des dictatures, et les *puros*, héritiers d'Hidalgo, disciples des philosophes français, réformateurs souvent membres de loges maçonniques.

Le Mexique indépendant prend donc un mauvais départ. Avide de pouvoir et de richesse, Iturbide mène une politique personnelle dont l'exemple ne sera que trop suivi. Sa carrière préfigure celle

Né en 1783 à Valladolid dans le Yucatán, Agustín de Iturbide a fait une carrière militaire jusqu'en 1820 au service des rois d'Espagne. Mais il va se rallier à la cause de l'Indépendance, sans négliger pour autant son ambition personnelle. Son succès dépasse ses propres espérances. Non content de prendre le pouvoir, il se fait couronner empereur. Mais son règne connaîtra une fin aussi rapide que tragique.

de tous les *caudillos* mexicains. Il se fait nommer généralissime, mais le Congrès refusant de lui donner tous les pouvoirs qu'il ambitionne, il organise le soulèvement de la garnison de Mexico, le 18 mai 1822, et se fait «offrir» ce trône que le plan d'Iguala avait prévu sans en désigner le titulaire.

Hanté par le modèle de Bonaparte, Iturbide préfère au titre de roi celui d'empereur et se fait couronner dans la cathédrale de Mexico sous le nom d'Agustín 1er. Son règne ne dure pas même un an. En décembre, un jeune officier déclenche une émeute à Veracruz et proclame la République. Il s'appelle Santa Anna... et sera lui-même dictateur. En mars 1823, Agustín 1er prend le chemin de l'exil. L'année suivante, une tentative de retour se terminera devant un peloton d'exécution.

La chute d'Iturbide semble marquer le triomphe des idées libérales; elle n'est, en fait, que le prélude à une succession de dictatures militaires

Le Mexique, et à son exemple toute l'Amérique latine, entre dans l'ère des *caudillos*. Le Congrès a bien voté en 1824 une constitution fédérale calquée sur celle des Etats-Unis d'Amérique, avec un Sénat, une Chambre, une Cour suprême et un président des Etats-Unis du Mexique élu pour quatre ans. La réalité est tout autre. Les *pronunciamentos* tiennent lieu d'élections. Le général porté au pouvoir s'empresse de réformer la Constitution pour assurer sa longévité politique. Ceci jusqu'au prochain *golpe* qui, sous prétexte de rétablir la démocratie, remplace un tyran par un autre.

On se perdrait à retracer dans le détail l'incroyable succession de ces généraux-présidents qui se disputent le pouvoir, sans autre but parfois que de vider les caisses de l'Etat. L'un d'eux ne se maintient au pouvoir que quarante-six minutes entre son avènement et son assassinat...

De cette galerie de dictateurs, un nom se détache : celui du général Antonio López de Santa Anna

Sa carrière est tumultueuse, pour ne pas dire folle : cinq fois il prendra le pouvoir; cinq fois il en sera

chassé. L'homme a de l'allure et des qualités qui font illusion. Parce qu'il est courageux sur le champ de bataille, il se croit l'égal de Bonaparte. En fait, aussi cupide que ses rivaux, il règne par la prévarication. Assoiffé de pouvoir, il trahit toutes les causes qui lui permettent d'y accéder. Enfin, le Napoléon mexicain est un piètre stratège qui connaîtra plus de Waterloo que d'Austerlitz.

Malgré l'échec de Veracruz, son ascension ne connaîtra plus de limites. En 1829, il écrase à Tampico une tentative espagnole de reprendre pied au Mexique. Facile victoire qui lui ouvre le pouvoir en

Quelques années après la chute d'Iturbide, l'Espagne, profitant de la confusion politique qui règne au Mexique, tente de reconquérir son ancienne colonie. Santa Anna mettra en échec les troupes espagnoles aussitôt après leur débarquement à Tampico.

1833. En 1836 au contraire, c'est l'échec avec la révolte des colons américains du Texas. Santa Anna massacre la garnison américaine de Fort Alamo mais, peu après, il est battu par Sam Houston à San Jacinto et fait prisonnier. Piteusement, il reconnaît l'indépendance du Texas pour recouvrer sa liberté.

Renversé, Santa Anna participe en 1838 à la défense de Veracruz, attaquée par une expédition française venue soutenir la créance d'un compatriote pâtissier, épisode plus pittoresque que glorieux, aujourd'hui bien oublié. Il y perd une jambe mais y regagne du prestige et, du même coup, le pouvoir. Son premier soin, au cours d'une messe grandiose à la cathédrale de Mexico, est de faire enterrer sa jambe coupée...

De nouveau chassé, alternant exil et présidence, il réapparaît en 1842, puis en 1847, et encore une fois en 1853! Cette fois il se proclame «dictateur à vie». Il est renversé deux ans plus tard...

En 1847, il est vrai, son rôle est ingrat. Les Etats-Unis, qui veulent annexer le Texas indépendant depuis dix ans, se heurtent au Mexique dont le territoire est alors aussi étendu que le leur. Certains Américains, notamment les anti-esclavagistes, sont hostiles à cet expansionnisme. Mais le président James Polk et le parti de la guerre l'emportent. Le conflit éclate en 1846.

La bataille fait rage en Californie où Santa Anna, rappelé au pouvoir, affronte le général Taylor. L'avantage passe aux Américains lorsque le général Scott, prenant les Mexicains à revers, débarque à Veracruz et marche sur Mexico.

Le flamboyant général Antonio López de Santa Anna sera pendant plus de trente ans la figure dominante de l'histoire mexicaine. Succès et échecs jalonnent une carrière singulière. Courageux au feu, il perdra une jambe en septembre 1838 en résistant à une intervention française à Veracruz, passée à l'histoire sous la pittoresque appellation de «guerre des petits pains» (ci-contre).

Le siège de Fort Alamo

Au Texas, alors province mexicaine, le conflit s'exacerbe entre le gouvernement central de Mexico et les colons nord-américains qui réclament leur autonomie. Dans les premiers jours de décembre 1835, les colons se soulèvent et s'emparent, à San Antonio, de l'Alamo, ancienne mission religieuse transformée en forteresse. Décidé à faire un exemple, Santa Anna se met en campagne à la tête de plusieurs milliers d'hommes. Sur place, il fait hisser le drapeau rouge au clocher de l'église de San Antonio, prévenant ainsi les cent quatre-vingt-trois défenseurs qu'il ne ferait pas de quartier. Après treize jours de siège, l'assaut est donné à l'aube du 6 mars 1836. L'héroïsme des Texans ne fait pas fléchir Santa Anna. Tous sont massacrés avec leurs chefs : le lieutenant-colonel Travis, le colon Jim Bowie, le légendaire David Crockett, trappeur égaré dans la politique. Seuls ont la vie sauve un esclave noir et quelques femmes et enfants. La cruauté de Santa Anna galvanise les Texans, qui lui infligeront bientôt l'humiliante défaite de San Jacinto.

La chute de Veracruz

Episode de la guerre entre les Etats-Unis et le Mexique : le 7 mars 1847, après un siège de vingt-trois jours, les Américains s'emparent de Veracruz.

La capitulation de Mexico

L'assaut du château de Chapultepec, aux portes de Mexico, le 13 septembre 1847, marque la fin de la campagne. La bataille donne lieu à de furieux combats où s'illustrent les cadets de l'Ecole mexicaine, dont certains ont tout juste treize ans. Un monument perpétue le souvenir des *Niños Heroes*, les six cadets qui y perdirent la vie.

Cette peinture naïve anonyme, qui montre Benito Juárez au milieu d'une famille mexicaine, illustre la dévotion quasiment religieuse dont il fut l'objet. Né en 1806 dans un village de l'Oaxaca, il incarne l'idéal laïque du XIXe siècle : Indien d'origine modeste, il s'élève dans le travail jusqu'aux plus hautes fonctions. Sérieux et taciturne, toujours habillé de noir (également sur le portrait de la page de droite), il n'en fut pas moins populaire.

A Churubusco puis à Molino del Rey, il défait Santa Anna venu à sa rencontre et, le 13 septembre 1847, malgré l'héroïque résistance des cadets de l'École militaire de Chapultepec, il s'empare de la capitale.

Le traité de Guadalupe Hidalgo, signé en 1848, est léonin. Pour quinze millions de dollars, le Mexique doit céder un tiers de son territoire : il perd la Californie et le Nouveau-Mexique (ce qui englobe ces deux Etats actuels, mais aussi l'Arizona et une partie de l'Utah et du Nevada). Le río Grande devient la frontière des deux pays.

Appauvri par les dictateurs, démembré par les Etats-Unis, le Mexique est exsangue. Mais les libéraux se ressaisissent. C'est l'époque de Juárez et de la «Reforma»

Le plan d'Ayutla, en 1854, préconise la restauration de la démocratie, le respect de la constitution fédérale. Et surtout les réformistes veulent liquider le passé colonial et mettre fin aux *jueros*, dont le clergé continue à bénéficier.

Une fois n'est pas coutume, le pouvoir passe à des civils : Ignacio Comonfort en 1855, Benito Juárez en 1858.

Juárez est la grande figure de cette époque. Indien zatopèque, parti de rien, travailleur acharné, il devient avocat, gouverneur de sa province natale de Oaxaca,

Marché mexicain vers 1855 (gravure de C. Castro).

puis ministre de la Justice et enfin président. Disciple des philosophes français, il supprime les tribunaux militaires et ecclésiastiques, fait dissoudre l'ordre des Jésuites. Dans la nouvelle Constitution de 1857, le catholicisme cesse d'être religion d'Etat. Le clergé réplique en excommuniant les fonctionnaires qui prêtent serment à la Constitution. Juárez riposte par la confiscation de ses biens. Des troubles éclatent qui tournent vite à la guerre civile.

Celle-ci va durer trois ans, de 1858 à 1861. Les généraux rebelles Zuloaga (qui s'est autoproclamé président) et son successeur Miramón tiennent la capitale et mènent la vie dure à Juárez qui manque d'être tué à Guadalajara. La lutte, longtemps indécise, se termine par la victoire des juaristes qui font leur entrée à Mexico en janvier 1861.

A peine l'ordre restauré, Juárez de nouveau à la présidence, une nouvelle calamité s'abat sur le Mexique : l'intervention française

La guerre civile avait laissé les caisses du Trésor vides.

Juárez suspend pour deux ans le paiement de la dette extérieure... d'autant que beaucoup de ces emprunts ont été souscrits par son adversaire Miramón. Un banquier suisse, Jecker, avait prêté quinze millions de pesos et réussit, moyennant une commission versée au duc de Morny, homme de confiance de Napoléon III, à faire endosser sa créance par le gouvernement français.

A cette affaire sordide s'ajoutent le désir de l'empereur des Français de créer un empire latin, l'ambition de l'archiduc autrichien Maximilien et de sa femme, la tentation de mettre à profit l'éloignement provisoire des Etats-Unis plongés dans la guerre civile.

Aux troupes impériales s'est joint un corps de volontaires belges envoyé par Léopold 1er, roi des Belges et père de l'impératrice Charlotte (ci-contre). Ci-dessous : les troupes françaises sont mises en échec devant Puebla, le 5 mai 1862. Le général Forey ne s'en empare que l'année suivante. L'assaut du fort Saint-Xavier (en bas, à droite) fut la clé de la bataille.

Les troupes françaises débarquent donc en 1862 mais échouent le 5 mai devant Puebla. Seul un envoi de renforts permet de prendre Mexico. Juárez s'enfuit et installe son gouvernement à El Paso del Norte sur la frontière texane.

Couronné empereur en 1863, Maximilien, bien intentionné, tente de réconcilier cléricaux et juaristes. Il devra vite se résoudre à faire la guerre, et à la faire brutalement. Un décret de 1865 prévoit l'exécution immédiate des juaristes pris les armes à la main.

Lorsque, lassé du conflit, Napoléon III retire ses troupes, la petite armée de Maximilien est vite

écrasée. En 1866, l'impératrice retourne en Europe pour tenter de convaincre Napoléon III de revenir sur sa décision, mais en vain. Peu de temps après, le 4 avril 1867, un jeune général dont on reparlera, Porfirio Díaz, reprend Puebla. Encerclé à Queretaro, Maximilien est condamné à mort et fusillé le 19 juin 1867, en même temps que les généraux Miramón et Mejia, déjà adversaires de Juárez lors de la guerre civile de 1858-1861, qui s'étaient ralliés à son éphémère empire.

Réélu président en 1867, puis en 1871, Juárez peut appliquer pendant plusieurs années, jusqu'à sa mort subite en 1872, le programme de la *Reforma*. Il voit dans l'éducation la clé de la démocratie, veut alphabétiser les Indiens, ouvrir une école dans chaque village et chaque hacienda. Œuvre tout juste esquissée. La société connaît des changements, notamment au bénéfice des métis, mais la misère rurale et l'arriération des Indiens restent écrasantes.

Après avoir fortement encouragé son mari à accepter la couronne, l'impératrice Carlota tient à Cuernavaca une cour élégante et fastueuse, à la manière des cours européennes. Vaines illusions : en 1866, elle devait rentrer en Europe demander son soutien à Napoléon III. Ayant échoué, elle sombre dans la folie et meurt en 1927 sans recouvrer la raison.

Le destin de Maximilien fut tout aussi tragique. Archiduc d'Autriche, frère de François-Joseph qui ne lui confie aucun poste de responsabilité, il finit par accepter la proposition de Napoléon III. Après le départ des troupes françaises de Bazaine, Maximilien est capturé à Queretaro et fusillé avec ses deux généraux.

La passivité des masses fait le jeu des généraux et encourage les pronunciamentos. Dès 1876, le successeur de Juárez, Lerdo, est renversé par Díaz, l'ex-vainqueur de Puebla.

La dictature de Porfirio Díaz sera la plus longue de toutes celles qu'a connues le Mexique

Elle va durer trente-cinq ans pendant lesquels Díaz se succède à lui-même à la présidence (sauf un court intermède de 1880 à 1884 où il met en place un homme de paille).

L'homme est plus complexe qu'il n'y paraît et son bilan est loin d'être négatif.

La rencontre de l'art et de l'histoire

Le tableau de la page précédente est à coup sûr plus conforme à la vérité historique, car réalisé d'après une photographie. Quant au célèbre tableau de Manet, *L'Exécution de Maximilien*, il a été peint en 1868, un an après l'événement. Le peintre avait d'abord réalisé deux esquisses, aussitôt après l'annonce de l'exécution, puis la toile et une lithographie. Représentant un événement dont le régime impérial n'avait pas lieu d'être fier, le tableau fut jugé subversif et refusé au Salon. La lithographie fut également interdite en janvier 1869 et tirée seulement en 1884, un an après la mort de Manet. En 1879, la chanteuse Emilie Ambre, amie du peintre, partit en tournée aux Etats-Unis en emmenant le tableau, qu'elle exposa comme une attraction de foire, avec un droit d'entrée de 25 cents...

Cazanova Garcia Aguire. Morett Escobar Ramirez. Pce Salm Salm
Monterde Herrera y Lozada, Reyes. Severo Castillo. Valdes, Redonet. Cab
Diaz Prieto Adame. Othon.

Témoignages photographiques d'un règne aussi tragique qu'inutile

François Aubert (1829-1906), à l'origine peintre et élève de Flandrin à Lyon, arrive au Mexique en 1864. Il s'y reconvertit à la photo et devient le portraitiste du couple impérial et de la cour. On connaît de lui un portrait de Bazaine et de sa femme, une métisse. Au moment des événements, il passe au photo-reportage, rendant compte des affrontements et du drame de la chute de Maximilien.
A gauche, en haut, Queretaro, où Maximilien a été capturé et fusillé. Quelques-uns des compagnons de l'empereur, jugés et condamnés à mort à Queretaro (en bas, à gauche). La plupart furent graciés par Benito Juárez.
Le corps de Maximilien dans son cercueil après l'exécution (ci-contre). La dépouille de l'ex-empereur sera rendue à l'Autriche en janvier 1868 et enterrée dans le *Kaisergruft*, la crypte impériale du couvent des Capucins de Vienne.

Porfirio Díaz est un Indien mixtèque, né à Oaxaca en 1830. A demi analphabète il connaît des débuts héroïques dans les rangs des guerilleros juaristes. Devenu général, on le voit ici, photographié par Aubert, alors qu'il vient de reconquérir Puebla pour le compte de Juárez. La paix revenue, il ne tardera pas à se dresser en rival contre lui. La personnalité et le destin de «Don Porfirio» ont inspiré des écrivains, notamment Alejo Carpentier dans son roman *Le Recours de la méthode* (1975), dont a été tiré, en 1978, un film de Miguel Littin *Viva el Presidente!*

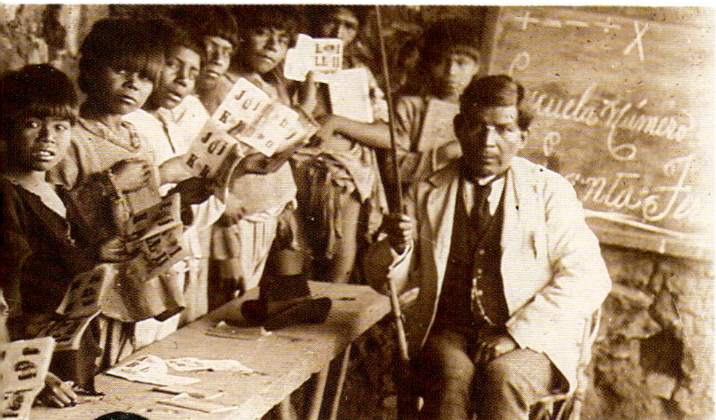

Outre la stabilité politique, la paix intérieure et extérieure, il a apporté au pays un spectaculaire développement économique, même s'il a dû pour cela ouvrir le Mexique aux capitaux étrangers, surtout américains. Un réseau ferroviaire est créé, les ports sont aménagés, les richesses minières sont mises en valeur. Des Français originaires des Basses-Alpes, les «Barcelonnettes», font fortune dans le grand commerce et le textile.

Díaz, qui est quasiment illettré, s'entoure de ministres compétents, les *científicos,* tel Limantour qui réussit le miracle de rétablir l'équilibre budgétaire. Mexico devient une des plus belles villes d'Amérique latine. Des architectes européens y travaillent, notamment l'Italien Adam Boari qui édifie, dans le style surchargé de l'époque, la poste centrale et le palais des Beaux-Arts.

Mais cette réussite économique a malheureusement son revers. L'industrialisation a accentué les

Devenu dictateur en 1876, il le restera jusqu'en 1910. Sa présidence est marquée par un développement économique spectaculaire. En dépit d'un relief souvent montagneux, un réseau de chemins de fer couvre bientôt le pays (en haut, à gauche). Mais les fruits de cette nouvelle richesse demeurent inégalement répartis. Le travail, qu'il soit agricole ou industriel (en bas, à gauche, une usine de sacs de jute) est digne du servage. Les écoles (en haut, à droite) restent insuffisantes en nombre comme en qualité.

inégalités sociales. Le *porfiriato*, fondé sur le clientélisme et la corruption, n'offre souvent qu'un vernis de modernisme et de prospérité. Les nouveaux bourgeois en haut-de-forme qui roulent en calèche dans les rues de Mexico et leurs épouses à l'affût des dernières modes de Paris cachent mal la masse de semi-esclaves qui triment comme des bêtes dans les mines et les haciendas. Une situation explosive qui n'est pas sans rappeler celle de la Russie à la même époque, si ce n'est que le mouvement ouvrier au Mexique est embryonnaire. Quelques grèves isolées sont férocement réprimées : deux cents morts à Rio Blanco, en 1907, lors d'une grève du textile.

A la misère des campagnes le régime a pu seulement opposer sa police, les *rurales*, d'autant plus brutale qu'elle est en partie recrutée parmi d'anciens repris de justice.

Il y a bien une armée. Mais là aussi tout n'est qu'illusion, celle qu'entretiennent dans les antichambres du palais des officiers aux uniformes chamarrés. Quatre d'entre eux, dont le président, portent le ruban bleu du grade suprême de général de division. En 1910, presque tous sont d'honorables vieillards : Díaz est octogénaire tout comme son général préféré, Navarro; le troisième a soixante-dix neuf ans; seul Bernardo Reyes, le benjamin du quarteron, en a soixante. A la base, la situation ne vaut pas mieux : les unités sont mal équipées, les effectifs truqués par des officiers qui empochent la solde de soldats-fantômes...

Pourtant Díaz n'est pas inquiet. En cet automne 1910, il vient d'être réélu pour la huitième fois à la tête de l'Etat. En septembre, des fêtes grandioses célèbrent le centenaire du «cri de Dolorès» et l'anniversaire du général-président. Des hommages et des cadeaux lui parviennent des monarques et chefs d'Etat du monde entier.

Le vieux dictateur se croit plus puissant que jamais. En réalité, huit mois à peine le séparent de sa chute.

Le dictateur vieillissant règne sur une capitale agrandie et embellie (ci-dessous). Mais le luxe corrompu des nouveaux riches (tel que le voit, à gauche, le peintre David Alfaro Siqueiros dans une fresque de Chapultepec) offre un contraste saisissant avec la misère rurale où de malheureux *péones* sont livrés sans merci aux exactions des intendants des haciendas (en haut, à gauche, gravure sur bois de Posada).

Ils ne se connaissaient pas. Et quand ils se connaîtront, ils ne s'aimeront guère. Parfois ils se rapprochent, car ils ont en commun la haine du vieux dictateur. A d'autres moments la suspicion, l'hostilité naturelle reprennent le dessus. Et pourtant, c'est à ces trois hommes que Porfirio Díaz doit sa chute. Des deux premiers – Villa et Zapata –, l'Histoire a bien conservé le souvenir. Le troisième, moins connu, est pourtant le plus important. Il s'appelle Francisco Madero.

CHAPITRE II

LE BANDIT, LE PAYSAN ET LE PROPHÈTE

Madero (au centre) en 1911, en compagnie de sa femme (derrière lui), d'une visiteuse américaine, Miss Campa, et de quelques partisans.

Pancho Villa, devenu le chef prestigieux de la révolution (ci-dessous), a gardé les allures du hors-la-loi qu'il était dans sa jeunesse (ci-contre).

Pancho Villa a un peu plus de trente ans en 1910. Il est né vers 1878 – on ne sait au juste – près de Durango, dans le nord du pays. Son véritable nom est Doroteo Arango.

Son père, ouvrier agricole, travaille durement dans une hacienda et lui-même a toutes chances de subir le même sort. Le système est bien réglé pour que le *péon*, en principe travailleur libre, soit rivé à son hacienda. Au sommet, il y a le propriétaire, souvent un *gachupin*, Mexicain à la peau blanche qui vit à Mexico et ne vient que pour encaisser les bénéfices. L'intendant est le vrai maître des *péones*, les fait travailler, les paye, leur retient ce qu'ils doivent : amendes ou achats effectués à la *tienda de raya*, l'épicerie de l'hacienda. Très vite, le *péon* a plus de dettes que de salaires et ne peut plus quitter son travail. S'il fuit, les *rurales* le ramènent de force et on le brise par le travail ou par le fouet. A sa mort, sa dette se reporte sur sa veuve ou ses fils.

Le jeune Doroteo est de ceux qui refusent de subir. La légende veut qu'à dix-sept ans il ait tué le jeune fils de famille qui a «déshonoré» sa sœur Martina. Sort commun des filles de *péon* pas trop laides : servir les maîtres et, à l'occasion, les distraire…

Doroteo Arango gagne le maquis et prend le nom de Francisco Villa ou plus simplement Pancho Villa. Un nom qui claque comme un fouet. Bétail volé, voyageurs dévalisés, *rurales* abattus, une légende se forge qui, pour l'heure, relève plus du western que de la révolution sociale.

Emiliano Zapata est bien différent. Son origine est moins misérable, son existence moins marginale. Il a alors entre trente et trente-cinq ans – sa naissance n'est également pas très sûre. Bien qu'employés comme métayers, son frère Eufemio et lui possèdent un peu de terre et de bétail. Emiliano,

Emiliano Zapata est au contraire un paysan sans histoires que seules l'injustice et la détresse ont fait basculer dans l'action révolutionnaire.

Mais c'est aussi l'homme de guerre avec fusil, sabre, cartouchières et l'immense sombrero qui est devenu célèbre dans l'imagerie populaire et dont la légende a gardé le souvenir.

le cadet, est un garçon sérieux, maire de son village d'Anenecuilco, dans l'Etat de Morelos, une région productrice de canne à sucre, au sud de Mexico.

D'une certaine façon, lui aussi a subi la dure loi des *hacendados* qui ne cessent d'étendre leurs domaines, au besoin par la force ou la «combine» : lois sur mesure, notaires corrompus, cadastres truqués, tout est bon pour déposséder des paysans analphabètes, incapables de se défendre. En vingt ou trente ans, rien que dans le Morelos, des dizaines de villages «remembrés» ont été abandonnés. Un riche propriétaire, irrité par la résistance d'un village, a impunément détourné les eaux d'une rivière qui passait sur ses terres et noyé toute l'agglomération...

Madero (assis) entouré de son état-major. Dans le groupe : Abraham Gonzáles et Pascual Orozco (4e et 7e à partir de la gauche). Avec ses bottes et la coupe militaire de son costume, l'intellectuel Madero se donne l'allure martiale qui convient aux circonstances.

Ils sont ainsi neuf millions de paysans, sans terre, prêts à se dresser contre neuf cents *hacendados*.

Mais l'homme clé de la révolution de 1910-1911, c'est Francisco Indalecio Madero

Né en 1873 dans l'Etat de Cohahuila, tout au nord, Madero est issu d'une autre classe sociale. On peut dire: d'un autre univers. Rejeton d'une riche famille d'origine juive espagnole, élevé par les jésuites, c'est un *hacendado*.

Alors que les frontières du monde de Villa et de Zapata ne dépassent guère les crêtes de leur *sierra*, Madero, qui a reçu en Europe une

La famille Madero: le père de Francisco entouré de trois de ses fils : une famille riche, très peu représentative du Mexicain moyen et encore moins de l'homme du peuple. C'est par idéalisme que Madero va rejoindre puis incarner la cause de la révolution. On le taxera de naïveté. Comme il signe Francesco I. Madero, on ironisera «I. pour innocent». En réalité, comme l'écrit Jean Meyer, «Madero n'était pas le doux idéaliste, le spirite disciple de Tolstoï, le rêveur évangélique que l'on a dit. Il était tout cela, mais voulait lucidement trouver l'équilibre entre la liberté et l'autorité».

MADERO Y
SU SECRETARIO
PATICULAR C. JUAREZ
CASASOLA FOT MEX

éducation raffinée, est un esprit cosmopolite. C'est surtout un idéaliste, révolté par l'injustice, convaincu que la moralité et l'honnêteté sont les premières vertus d'un homme politique. Bien qu'adepte du spiritisme, il est aussi l'héritier des philosophes du XVIIIe siècle, il croit au progrès par l'éducation et la démocratie. Ascétique et végétarien, ses yeux sombres dévorés de passion, sa courte barbe, sa petite taille et son corps malingre ne font que rehausser son aura. Scrupuleux, légaliste jusqu'à la manie, on a pu le comparer à Léon Blum. Tous deux sont des intellectuels, «traîtres» à leur milieu et juifs de surcroît : trois bonnes raisons pour susciter cette haine frénétique dont les réformateurs sincères issus des milieux privilégiés sont encore plus victimes que les révolutionnaires de naissance...

Ses détracteurs les moins virulents le taxent de naïveté. Pourtant ce «naïf» va faire trébucher, puis chuter Porfirio Díaz, le vieil homme d'Etat roublard et sans scrupules.

Tout commence en 1908...

A deux ans de l'élection présidentielle, le dictateur croit habile de parler en termes équivoques de sa retraite, laissant ainsi se déclarer – et se déchirer – les candidats à sa succession : les *científicos* d'un côté, le général Reyes de l'autre.

La gauche ? Elle ne compte guère. Son principal leader, Ricardo Flores Magón, qui a fondé le parti libéral en 1900, s'est radicalisé. Passant du jacobinisme au socialisme marxiste, il a perdu en route des partisans, notamment Francisco Madero, en 1907.

Madero en compagnie de son secrétaire Juan Sanchez Azcona à Ciudad Juárez, le 21 mai 1811, au moment où, ayant conquis la ville, il va conclure un accord avec le gouvernement fédéral (à gauche). Ci-dessus : un officier de l'armée fédérale à l'époque de Porfirio Díaz.

Opposant modéré, Madero représente pour le régime un danger d'autant plus grave qu'il est sous-estimé

Madero publie en décembre 1908 *la Succession présidentielle de 1910*. Négligé par la censure de Díaz, ce livre prônant la restauration de la démocratie et d'un scrutin libre devient la bible des opposants. Fort de son succès, Madero crée en mai 1909 le «parti antiréélectionniste».

Au départ si peu révolutionnaire qu'il songe à un compromis avec Díaz, il ne tarde pas à se radicaliser. Car, dans l'intervalle, Díaz a décidé de «solliciter» un nouveau mandat. Subversif malgré lui, Madero multiplie les réunions publiques. Ce médiocre orateur attire les foules. C'est alors que la répression s'abat. En juin 1910, à quelques jours des élections, il est arrêté et incarcéré.

Aussi symbolique que les précédents, le scrutin donne la victoire à Porfirio Díaz. Le 5 octobre, Madero s'évade de la prison de San Luis Potosi, s'enfuit au Texas, et publie le «plan de San Luis». Un plan surtout politique, mais qui promet aussi aux paysans dépossédés de récupérer leurs terres.

Décidé cette fois à recourir à la lutte armée, Madero lance un mot d'ordre de soulèvement pour le 20 novembre 1910. Trop de gens sont dans le secret et Díaz frappe le premier : le 13, les madéristes sont arrêtés à Mexico; le 18, à Puebla, la police abat un de leurs dirigeants, Aquiles Serdàn. Madero lui-même, lorsqu'il franchit le río Grande à la date prévue, le 20 novembre, ne trouve personne pour l'accueillir et retourne piteusement aux Etats-Unis. Il passe le mois de décembre à la Nouvelle-Orléans, persuadé que tout est fini.

S'il a perdu une bataille dans les grandes villes, sa promesse aux paysans lui rallie les campagnes. Et, dans les semaines suivantes, des révoltes éclatent un peu partout : celle des frères Gutiérez dans l'Etat de Coahuila, celle de José María Maytorena dans le Sonora, celle de Genovevo de la O dans le Morelos.

C'est au nord, dans le Chihuahua, que Madero va recruter ses partisans les plus zélés

A Ciudad Guerrero un ancien chef de train, Pascual Orozco, prend les armes à la tête d'un groupe de mineurs, les «Drapeaux rouges». Non loin de là, un dirigeant madériste local, Don Abraham González, a l'idée de rencontrer ce voleur de bétail nommé Pancho Villa. Le bourgeois libéral fait preuve d'une singulière intuition en sollicitant du hors-la-loi son ralliement à la révolution. Il l'obtient, changeant sans s'en douter le cours de l'histoire mexicaine...

Francisco Madero (à droite) passe vite à la guérilla. Composés principalement d'hommes intrépides, ses défenseurs comptent aussi quelques *soldaderas*, puissamment armées. Ci-contre : soldats fédéraux en campagne contre Orozco dans le nord du pays.

Pendant tout l'hiver 1910-1911, la lutte est indécise. Ayant pour la première fois à se mesurer aux unités régulières de l'armée fédérale commandée par le vieux général Navarro, Villa adopte d'instinct les tactiques de la guérilla, palliant son infériorité par la mobilité et la surprise. Ainsi, le 7 février 1911, il attaque la garnison de Ciudad Camargo, rafle armes et munitions et se retire avant l'arrivée des renforts gouvernementaux.

Harcelé de partout, Díaz fait front. Mais, peu à peu, le vent tourne. Le 14 février, Madero regagne le Mexique, redonnant ainsi une impulsion au mouvement. Une nouvelle révolte éclate le mois suivant, cette fois au sud, et à moins de cent kilomètres de la capitale. Les paysans et *péones* de l'Etat de Morelos se rallient à Madero et au plan de San Luis. Née dans le village de Villa de Ayala, l'insurrection fait tache d'huile. De ses protagonistes, un leader ne tarde pas à émerger, Emiliano Zapata,

Pascual Orozco, photographié au milieu de ses *colorados*. Les «Drapeaux rouges» soutiennent en 1910-1911 la cause madériste.

reconnu par ses pairs comme le chef suprême du mouvement révolutionnaire du Sud. Lui aussi recourt aux tactiques de la guérilla, multipliant les coups de main suivis de rapides décrochements.

Au nord, Villa unit ses efforts à ceux d'Orozco. Fin mars, Francisco Madero et Pancho Villa se rencontrent pour la première fois, à l'hacienda de Bustillos, près de Ciudad Juárez. Tous les leaders de la révolution sont réunis autour de leur chef : Orozco, devenu général; Villa, devenu colonel; Giuseppe Garibaldi, qui commande les volontaires étrangers; José María Maytorena, qui se bat dans le Sonora; Don Abraham González, que Villa connaît déjà; Venustiano Carranza, «ministre de la Guerre» de Madero. Seul manque Zapata, trop loin au sud, mais que les émissaires de Madero rencontreront en avril.

Déjà, dans les années 1840, Garibaldi, le futur héros de l'unité italienne, avait combattu pour l'indépendance de l'Uruguay. A son tour, son petit-fils, Giuseppe Garibaldi, dit Pepino (à gauche), a rejoint Madero et pris la tête d'une unité de volontaires étrangers.

Grâce à l'union de ces hommes si différents, l'étau se resserre autour du dictateur

Où porter l'estocade? Faut-il marcher vers le sud, sur Chihuahua et Mexico, en laissant derrière soi la position clé de Ciudad Juárez où le général Navarro s'est retranché avec trois mille hommes et l'artillerie du colonel Tamborel? Attaquer Ciudad Juárez présente un double risque, militaire et diplomatique, car c'est une ville frontière, séparée seulement par le río Bravo de la ville texane d'El Paso.

Peut-être, objectent Villa et Orozco, mais la chute de Ciudad Juárez n'en serait que plus dure pour Díaz.

Madero hésite, se contente d'investir la ville, tente en vain de négocier. Le 9 mai 1911, passant outre aux instructions de Madero, Villa attaque de sa propre initiative. Pour ses hommes, c'est presque une opération suicide. Aux mitrailleuses ils n'ont à opposer que des machettes, des armes démodées et des grenades artisanales : des boîtes de conserve contenant un bâton de dynamite et des morceaux de ferraille. Les *villistes* montent à l'assaut en fumant un cigare qui leur servira à allumer la mèche…

Armes aussi efficaces que rudimentaires. La première ligne des fédéraux est déjà enfoncée lorsque Orozco et Garibaldi, furieux d'avoir été devancés, se lancent à leur tour dans la bataille. Les combats de rue se poursuivent le lendemain. Pour progresser, il faut parfois dynamiter une maison après l'autre. Habilement, Villa se glisse entre la ville et le río Grande : c'est au tour des artilleurs fédéraux de craindre l'incident diplomatique. En tirant, ils risquent d'atteindre El Paso où des milliers de Texans assistent de loin à la bataille.

Enfin la ville est prise. Le colonel Tamborel est tué et le général Navarro se rend. Premier conflit entre les vainqueurs : Villa fusillerait volontiers cette vieille culotte de peau qui n'a pas fait de quartier à ses hommes. Mais, pour Madero, Navarro est un octogénaire respectable, vétéran de la guerre contre Maximilien. Il le prend sous sa protection.

Tandis que ces événements se déroulent dans le Nord, le Sud passe à son tour de la guérilla à la bataille rangée. Zapata a fixé son propre objectif, la ville de Cuautla, nœud ferroviaire et centre névralgique de l'Etat de Morelos. Manquant d'armes, il dirige une série de raids contre des bourgades, désarme les garnisons locales, prélève un «emprunt» sur les plus riches familles.

Le 11 mai, il apprend que Ciudad Juárez vient de tomber. Impatient de participer à la victoire, il lance le 13 son assaut sur Cuautla. Les *zapatistas* sont nombreux mais ont devant eux cinq cents hommes bien armés. Il faudra six jours de combat à Zapata pour en venir à bout.

Il était temps. D'ores et déjà, la chute de Ciudad Juárez avait sonné le glas du «Porfiriat»

Militairement, Díaz n'est pas écrasé, mais le vieux lutteur a sans doute perdu le goût de se battre. Il a perdu aussi, et c'est le plus grave, l'appui des Etats-Unis inquiets de son récent rapprochement avec le Japon (où il a nommé son propre fils ambassadeur).

La gravure populaire de Posada évoque un assaut des zapatistes contre les troupes fédérales. En dépit de leur armement dérisoire, ils viendront à bout des mitrailleuses et des canons de l'armée fédérale.
En haut, à gauche : insurgés avec un canon de leur fabrication devant Ciudad Juárez en 1911.
Ci-dessus : Herlinda Perry, combattante révolutionnaire.

A Washington, le président Taft penche en faveur de Madero.

Des négociations s'engagent entre Madero et les fédéraux à l'hôtel des Douanes de Ciudad Juárez. L'accord est conclu le 21 mai 1911. Si Porfirio Díaz espère encore rétablir la situation, il perd vite toute illusion : son armée se débande et les troubles gagnent sa propre capitale, qui connaît trois jours d'émeutes. Après trente-cinq ans de pouvoir absolu, le dictateur démissionne le 25 mai et s'embarque le surlendemain à Veracruz sur le paquebot allemand *Ipiranga.* Il mourra en exil à Paris en 1915.

En juin 1911, Madero parcourt triomphalement les rues de Cuernavaca, la capitale de l'Etat de Morelos, parmi ses partisans du Sud. Zapata est à l'extrême-droite, coiffé de son habituel sombrero. Cette photo fut prise par Casasola qui couvrit les campagnes politiques de Madero.

Le 7 juin, Francisco Madero descend du train à la gare centrale de Mexico. Désireux de se soumettre auparavant aux suffrages des Mexicains, le petit homme sans escorte, qu'une foule enthousiaste vient accueillir, ne s'installe pas pour autant au palais présidentiel. Obsédé par la légitimité du pouvoir, il renonce à son titre de chef du gouvernement provisoire. L'intérim est assuré par un ministre de Díaz, Francisco León de La Barra.

Le 6 novembre, après des élections qui lui donnent 90 pour 100 des voix, Madero consent enfin à assumer le pouvoir. La révolution est-elle terminée? Ou ne fait-elle que commencer?

Porfirio Díaz passera les dernières années de sa vie en exil à Paris. La photographie ci-dessus a été prise peu de temps avant sa mort.

Une longue dictature s'est effondrée à l'issue d'une courte lutte. Un homme intègre et respectable est maintenant à la présidence. Euphorie trompeuse : les années suivantes seront plus dures, les affrontements plus sanglants. Trahisons, coups d'Etat et guerre civile deviennent le lot commun des Mexicains.

CHAPITRE III
LES FRÈRES DE LA CUCARACHA

Villa (à gauche) et Zapata (ci-dessous) allaient révéler sur le terrain des talents militaires très supérieurs à ceux de leurs rivaux.

La courte présidence de Madero – tout juste seize mois – n'est qu'une suite de crises. Brillant «tombeur» de Porfirio Díaz, il se révèle médiocre chef d'Etat. On a pu dire qu'il gouverna «avec ses ennemis contre ses amis». Il s'appuie sur les libéraux, les conservateurs modérés, les *científicos* de l'ancien régime et croit pouvoir compter sur le loyalisme de l'armée.

Il lui faut d'abord liquider une curieuse tentative de république anarchiste en Basse-Californie. Le leader extrémiste Ricardo Flores Magón y dirige l'insurrection armée d'un millier de *filibusteros* où se mêlent utopistes socialistes, anarcho-syndicalistes venus des Etats-Unis, d'Italie, de Russie... Cette équipée, entreprise en janvier 1911 sous le règne de Díaz, se poursuit après sa chute. Profitant de la vacance du pouvoir à Mexico, les révolutionnaires contrôlent en juin les villes frontières de Tijuana et de Mexicali. Succès éphémère. Le mouvement ne tarde pas à s'effondrer.

Plus sérieux sont les démêlés de Madero avec ses anciens partisans. Mis à part Villa, qui a provisoirement troqué son fusil contre un commerce de boucherie à Chihuahua, la plupart refusent de déposer les armes.

Zapata a été un des premiers à saluer Madero à sa descente de train, le 7 juin 1911. Le lendemain ils se

Dans ce campement d'insurgés, avec ses tentes et ses canons bien alignés, on sent qu'il existe un début d'organisation et de discipline. Ce n'était pas toujours le cas.

Ces images présentent, au contraire, l'aspect spontané voire anarchique qui prédomine. Les guerilleros en civil apparaissent comme des amateurs, même si leur endurance et leur mépris de la mort en font de redoutables combattants. Ci-contre : Zapata au milieu de quelques-uns de ses partisans.

retrouvent à dîner au domicile de Madero, calle Berlin. Cette rencontre et les deux qui suivront ne débouchent que sur un dialogue de sourds. Zapata veut la restitution immédiate des terres aux paysans spoliés.

Pour Madero les choses doivent désormais se faire dans les règles, sans hâte ni violence. Et, de toute façon, il lui faut attendre d'être au pouvoir pour se saisir du dossier.

La démobilisation des *zapatistas* est émaillée d'incidents sanglants, notamment le 13 juillet à

Déçu par ses contacts avec Madero, Zapata refuse de démobiliser ses hommes et ne tarde pas à retourner les armes contre le nouveau président. Dans cette fresque de Diego Rivera, Zapata et zapatistes brandissent un drapeau marqué du slogan «Terre et Liberté».

Troupes gouvernementales défilant dans une rue. Comme dans toute guérilla, l'armée régulière occupe les villes mais les campagnes échappent à son contrôle.

Puebla où il y a une cinquantaine de morts. Très vite, les ponts sont rompus.

En novembre 1911, Zapata entre en rébellion au cri de «Tierra y Libertad!» (Terre et Liberté)

Il lance le «plan d'Ayala» qui promet une réforme agraire et la confiscation du tiers des propriétés des *hacendados*. Dans un style plus radical, il se déclare prêt à pendre Madero à un arbre du parc de Chapultepec, la résidence présidentielle.

De son côté, Madero nomme à la tête des troupes fédérales du Morelos le général Juvencio Robles qui applique les méthodes inaugurées par les Anglais pendant la guerre des Boers : incendie des villages, regroupement des populations civiles dans les camps à la périphérie des villes, prise d'otages dans les familles des zapatistes. Ceux-ci ripostent en attaquant les détachements isolés et les trains de voyageurs.

Une telle situation ne pouvait pas durer. En août 1912, Robles est remplacé par le général Felipe Angeles. Un choix judicieux : ce fervent madériste est un intellectuel humaniste et honnête, des qualités plutôt rares dans l'armée mexicaine. En quelques mois, il parvient à mettre la population de son côté et à marginaliser Zapata, qu'il ne désespère pas de rallier.

Artilleur formé dans les écoles militaires françaises, apprécié de Foch, le général Felipe Angeles est certainement une des figures les plus attachantes de cette période.

Madero a d'autres soucis dans le Nord où, le 3 mars 1912, Pascual Orozco se soulève à son tour avec ses «Drapeaux rouges»

Comme Zapata, Orozco affiche un programme révolutionnaire, mais il est armé et financé en sous-main par les *hacendados* de la région. Pancho Villa ne s'y trompe pas qui, aux propositions d'Orozco, répond en reprenant les armes pour le compte de Madero.

Voici donc l'ancien révolté combattant aux côtés des troupes fédérales.

Villa (au centre), devenu grâce à Madero le général de brigade Francisco Villa, arbore désormais galons et uniforme. Mais, dans la conduite des opérations, il demeure un marginal et n'en fait qu'à sa tête.

Celles-ci sont battues par Orozco le 23 mars et leur chef, le général Sala, se suicide. Pour le remplacer, Madero fait appel à un fidèle de Díaz auquel il donne imprudemment sa confiance, le général Victoriano Huerta. De ce soudard alcoolique, aussi brutal qu'hypocrite, l'histoire mexicaine devait garder de sombres souvenirs.

L'essentiel de l'effort repose sur Villa et ses hommes. Fin mai 1912, il réussit un raid spectaculaire sur Parral, dont la garnison

Indien Huichol, fier de ses origines, le général Victoriano Huerta finira comme Porfirio Díaz (lui aussi indien) dans la peau d'un dictateur détesté. Mais sa carrière sera plus courte...

Pascual Orozco (ci-dessous) est désormais l'ennemi de Villa. Celui-ci, qui offrait à ses prisonniers le choix entre la mort et le ralliement, ne donnera jamais cette chance aux orozcistes qui tomberont entre ses mains : tous seront aussitôt fusillés ou pendus.

Tandis que ses troupes réduisent la révolte d'Orozco (à gauche), le général Huerta (ci-dessous) cache son strabisme derrière ses lunettes noires et attend son heure...

s'était ralliée à Orozco. Madero l'a nommé général de brigade, mais cette promotion n'en a pas fait pour autant un soldat discipliné. Il défie l'autorité du général Huerta, si bien que celui-ci, heureux de se débarrasser d'un rival, le fait arrêter pour insubordination et pillage et ordonne son exécution. *In extremis,* il est sauvé sur l'intervention de Raul Madero, un des frères du président.

Tandis qu'Orozco, battu cette fois par Huerta, s'enfuit aux Etats-Unis, Villa est ramené à Mexico et enfermé à Santiago Tlaltelolco, une prison militaire pour soldats perdus et conspirateurs malchanceux. Pendant l'instruction du procès, il met à profit ce temps de «loisir» pour apprendre à lire. Le 26 décembre 1912, il s'évade avec la complicité d'un greffier du tribunal et passe lui aussi la frontière américaine.

Dans la même prison, sont enfermés deux hommes qui rêvent, comme Orozco et Zapata, de renverser Madero, mais pour des motifs opposés. Car si le malheureux président s'est aliéné ses anciens partisans, il n'a pas désarmé la haine des nostalgiques du *porfiriato.* Le premier,

Bernardo Reyes, ancien général de division à l'époque de Díaz et candidat à sa succession, se retrouve incarcéré pour avoir conspiré contre Madero. L'autre, Felix Díaz, le neveu du dictateur déchu, a également tenté un coup d'Etat qui échoue en octobre 1912. Condamné à mort, il est gracié par Madero.

Cet étrange chef d'Etat, qui ne fusille personne, inspire l'ironie plutôt que l'admiration. Sa mansuétude encourage les complots. Deux ont échoué. Le troisième sera le bon.

La «décade tragique», du 9 au 18 février 1913, va ensanglanter la capitale jusque-là épargnée par les convulsions de la révolution

A l'aube du 9 février, plusieurs unités commandées par les généraux Mondragon et Ruiz quittent leurs casernes et vont libérer Bernardo Reyes et Felix Díaz qui prennent aussitôt la tête des factieux.

Ceux-ci tentent de s'emparer du palais national, sur la place du Zocalo. Mais les choses se gâtent. La garde présidentielle ouvre le feu. La bataille fait rage.

Lorsque Madero, qui réside au château de Chapultepec, au sud-ouest de la capitale, arrive à cheval au palais, la révolte semble matée. Le vieux général Reyes a été tué, le général Ruiz capturé. Faisant preuve d'une tardive fermeté, Madero le fait fusiller. Mondragón et Felix Díaz se sont retranchés dans la citadelle de Mexico, en plein centre de la ville. Seule ombre, le commandant de la place, le général Villar, est

Arrêté sur l'ordre de Huerta, menacé d'exécution, Villa est ramené en train à Mexico. Dans la même prison, deux généraux factieux qui participeront à la «décade tragique»: Felix Díaz, neveu de Porfirio (au centre) et Bernardo Reyes (en bas).

AUGUSTO G.
AQUI SE VENDEN
MARMOLES
DE LAS CANTERAS DE
TENAYO
YAUTEPEC
MORELOS
CON LOS CUALES
SE CONSTRUYO
BASAMENTO DEL
TEATRO

grièvement blessé. Pour le remplacer Madero choisit le général Huerta : il vient de remettre son sort entre les mains de son Judas.

Huerta fait encercler la citadelle, tout en négociant en secret avec les généraux assiégés. L'ambassadeur américain, Harry Lane Wilson, joue les intermédiaires dans cette ténébreuse conspiration.

Madero n'a pas de chance. Le nouveau président des Etats-Unis élu en novembre 1912, le démocrate Woodrow Wilson (sans rapport de parenté avec l'ambassadeur), lui est favorable. Malheureusement, il n'entrera en fonction qu'en mars et l'ambassadeur prend encore ses ordres du président Taft, maintenant hostile à Madero.

Huerta multiplie les félonies. Il engage son artillerie, mais règle le feu de manière à épargner la citadelle et à bombarder les populations civiles. Un autre jour il lance les troupes les plus fidèles à Madero dans un assaut frontal, à terrain découvert, les envoyant au massacre.

Enfin, le 17 février, Huerta lève le masque. Il invite à déjeuner le frère aîné du président, Gustavo Madero, le fait arrêter et aussitôt abattre. Le lendemain, c'est Madero lui-même et son vice-président Pino Suárez qui sont arrêtés par le général Aureliano Blanquet, commandant de la garde du palais, rallié à Huerta.

La «décade tragique» a fait plus de deux mille morts.

Quelques aspects de Mexico pendant la «décade tragique» qui ensanglanta la capitale en février 1913. En haut, à gauche : le 9, au premier jour de la rébellion, la garde présidentielle, encore fidèle à Madero, prend position devant le palais national, sur la place du Zocalo. Au centre : les officiers maderistes, depuis la calle Revillagigedo, ferment les abords de la citadelle où sont retranchés les rebelles. En bas : des barricades dressées dans les rues donnent à la capitale l'aspect d'une ville en guerre. Ci-dessous : combattant maderiste armé d'un fusil lance-grenades.

A l'issue d'une ultime discussion chez l'ambassadeur Wilson, Felix Díaz réalise un peu tard qu'il n'a été qu'un pion entre les mains de Huerta. Il s'efface et c'est Huerta qui assurera l'intérim de la présidence. Madero, qui a finalement accepté de signer sa démission, partira en exil à Cuba.

Encore une promesse que Huerta ne tiendra pas. En effet, quelques jours plus tard, il fait extraire Madero et Pino Suárez du palais national pour un ultime «transfert». On retrouvera, criblés de balles, les cadavres de l'apôtre de la révolution mexicaine et de son vice-président.

Le 6 mars,un de ses proches, Don Abraham González, gouverneur du Chihuahua, subit le même sort. Huerta le fait arrêter et ramener à Mexico. Pendant le trajet, il est abattu et son corps jeté sur la voie.

•• J'étais ému et émerveillé de l'héroïsme inutile de ces *péones* qui avaient gravi ces pentes sous le feu de l'artillerie. Le cercle se reforma pour recommencer à monter lentement vers le sommet. Cette fois-là, ils attaquèrent la hauteur à sept reprises.••

John Reed,
Le Mexique insurgé

Madero au milieu de ses familiers. Il serait tentant de voir en lui le La Fayette ou le Kerenski d'une révolution qui ne trouva d'ailleurs ni son Robespierre ni son Lénine. Mais s'il est vrai que la gauche le désavoua, c'est de la contre-révolution que lui vinrent la trahison et l'auréole du martyr.

C'est le moment que choisit le pape Pie X pour adresser à Huerta un message de félicitations. Une faute politique que les catholiques mexicains devaient lourdement payer...

Commencée dans la trahison, la dictature de Huerta va se poursuivre dans la guerre civile, après un bref «état de grâce»

Dans les premières semaines, les ralliements se multiplient, à droite comme à gauche. Le plus spectaculaire est celui d'Orozco. Volte-face surprenante, même à l'époque où elles ne se comptent plus.

Harcelé par les zapatistes (ci-contre), Huerta essaie en vain, de briser le moral des guerilleros. Il va jusqu'à prendre des femmes en otages, dont la belle-mère de Zapata et ses filles.

La réconciliation spectaculaire de Huerta, l'homme aux lunettes noires (caricature ci-dessous), et d'Orozco ne leur évitera ni la défaite ni l'exil. En voulant revenir clandestinement au Mexique en 1915, avec des chevaux volés, Orozco sera abattu à la frontière par des Texas rangers.

Il est vrai que Huerta, voulant donner des gages à la gauche, prend quelques mesures sociales.

Nationaliste forcené, il ne ménage pas les intérêts américains. Admirateur de l'Allemagne et du Japon, il hait les Etats-Unis qui le lui rendent bien. Le nouveau président, Woodrow Wilson, qui entre alors en fonction, se refuse à reconnaître Huerta et sanctionne l'attitude de l'ambassadeur américain en le rappelant à Washington.

Et pour Villa, pour Zapata, pour Felipe Angeles et bien d'autres, Huerta restera le Machiavel assassin de Francisco Madero.

Le premier à réagir est Pancho Villa. Egal à sa réputation, il décide de reconquérir le Mexique, à lui seul ou presque. Dans la nuit du 6 mars 1913, il franchit le río Grande avec huit compagnons. Ils n'ont que leurs chevaux et leurs carabines Winchester. Le jour même, la nouvelle de son retour se répand et ses premières recrues apparaissent. Un an plus tard, il dirigera la célèbre division du Nord et aura quatorze généraux sous ses ordres. C'est une troupe pittoresque : des milliers de fantassins, parfois armés d'une simple machette, des femmes, toutes sortes

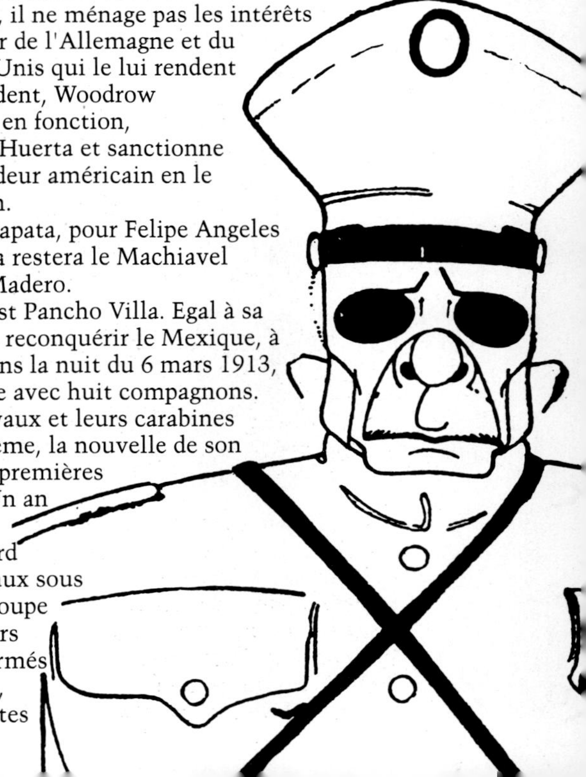

Le peintre José Clemente Orozco (sans lien de parenté avec Pascual Orozco) a représenté ici des *zapatistas* (en haut) et des *soldaderas* (en bas). La présence de femmes aux côtés des soldats n'était pas vraiment une nouveauté au Mexique. Même dans les armées régulières, les soldats mexicains étaient suivis de leurs familles, ainsi que d'une foule de prostituées. En revanche, il était inattendu de voir des femmes, gagnées par l'élan révolutionnaire, prendre un fusil et faire le coup de feu avec les hommes.

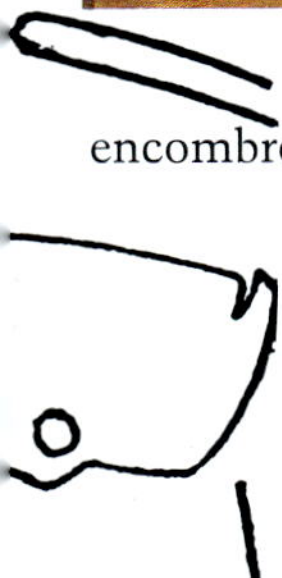

de femmes, jeunes et *viejas*, des mères encombrées de leur marmaille et des filles à soldats. Ces fameuses *soldaderas* suppléent aux carences, quand ce n'est pas à l'inexistence du service de santé et de l'intendance. Elles soignent et nourrissent leurs hommes et, à l'occasion, vont au combat.

Tout cela est lourd à déplacer. Mais la division a son fer de lance : une cavalerie très mobile qui surgit là où on ne l'attend pas. Quant à Villa, il se bat sans compter avec ses hommes et, quand vient l'heure du repos, se choisit une compagne pour la nuit. Tenant à sanctifier ces unions, si passagères soient-elles, il se marie chaque fois à l'église, braquant son revolver sur le prêtre qui crie au sacrilège...

La «cucaracha» fut une danse autant qu'un chant révolutionnaire (dessin de J. C. Orozco).

«La cucaracha, la cucaracha
Ya no puede caminar
Porque no tiene, porque le falta
Marihuana que fumar»

«La cucaracha, la cucaracha
Elle ne peut plus marcher
Parce qu'elle n'a pas, parce qu'il lui manque
De la marihuana à fumer.»

Pancho Villa à cheval (à gauche). Que ce soit sous sa forme classique – celle des cavaliers chargeant héroïquement l'ennemi – ou sous sa forme moderne – celle des trains blindés – la cavalerie joue un rôle essentiel dans la stratégie de Villa.

Pancho Villa en voiture (à droite). A ses côtés, son fidèle et sanguinaire ami, Rodolfo Fierro, qui entachera d'atrocités une guerre déjà impitoyable.

C'est au son de cette curieuse chanson et derrière ce cafard (*cucaracha*, en espagnol) que l'épopée villiste va se dérouler. Avec ses premières recrues, Villa évite les grosses garnisons, mais s'empare de petites villes comme Casas Grandes. Il attaque surtout des trains militaires dont il se sert ensuite pour transporter ses propres troupes. Les combats sont sans merci. Des deux côtés, les prisonniers sont pendus, fusillés, traînés par des chevaux au galop. Le plus sanguinaire des lieutenants de Villa, Rodolfo Fierro, songe avant tout à économiser les munitions : il fait aligner les victimes par trois et les abat d'une seule balle... Une fois, il massacre de ses propres mains trois cents orozcistes capturés. L'exécution par Villa d'un citoyen britannique, William Benton, vaudra aux insurgés quelques complications diplomatiques.

Huerta envoie contre lui ses meilleures troupes, renforcées par Orozco et ses *colorados*. Ils s'imaginent avoir à disperser des bandes de hors-la-loi. Ils auront la surprise d'affronter des unités bien organisées : Villa a su rallier non seulement des *péones* mais des officiers de carrière, dont le général Felipe Angeles qui viendra bientôt se mettre sous ses ordres.

A l'automne 1913, Villa se dirige vers le sud, et, le

Nombreux furent les étrangers attirés par la révolution mexicaine. On vit même des Afrikaners,

vétérans de la guerre des Boers, faire profiter les Mexicains de leur expérience de la guérilla. Mais le plus inattendu de ces volontaires est l'écrivain Ambrose Bierce. Ancien combattant nordiste pendant la guerre de Sécession, ancien chercheur d'or, Bierce était certes tenaillé par le goût de l'aventure. Il était pourtant insolite de voir cet homme devenu célèbre rejoindre Villa en 1913. A 71 ans! Geste de désespoir d'un père torturé par la mort de ses deux fils? ou geste de dérision d'un maître de l'humour noir? Toujours est-il qu'il franchit la frontière et disparaît au début de 1914 sans qu'on ait jamais su où et quand il mourut...

2 octobre, s'empare de Torreón à mi-chemin de Mexico. Puis il remonte vers le nord, assiège en vain Chihuahua. Un échec ? C'est alors que le génie de Villa donne toute sa mesure. Tandis qu'on le croit replié vers le sud, il repart au nord, s'empare d'un train, y fait monter ses meilleurs hommes armés jusqu'aux dents et annonce par télégraphe à la garnison de Ciudad Juárez l'arrivée d'un convoi de renforts. En quelques heures, dans la nuit du 15 novembre 1913, la ville est conquise par surprise. Pancho Villa, qui n'a jamais lu Homère, venait de réinventer le cheval de Troie.

L'armée fédérale, acculée aux régions désertiques du Nord, est à nouveau vaincue à Tierra Blanca et, le 1er janvier 1914, à Ojinaga, sur la frontière. Les survivants se réfugient aux Etats-Unis où ils sont désarmés. Villa entre alors sans résistance à Chihuahua, capitale de la province.

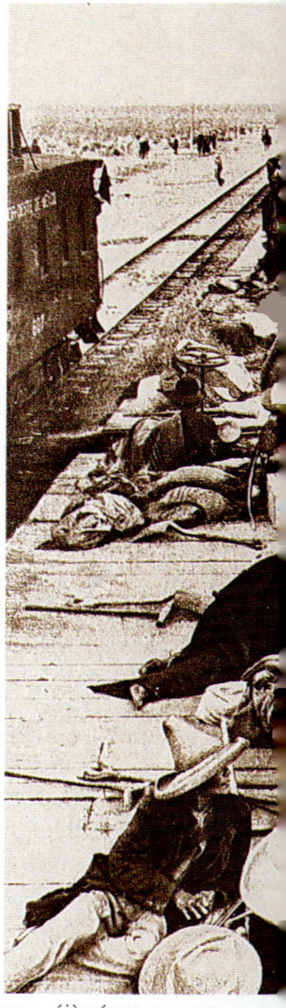

Villa n'est pas le seul cauchemar de Huerta. Dans une autre province du Nord, le Coahuila, le gouverneur Venustiano Carranza dresse l'étendard de la révolte dès mars 1913 et fonde le parti «constitutionnaliste»

Ce vieux politicien passe pour un opportuniste plutôt qu'un révolutionnaire, mais il offre à l'insurrection une façade plus respectable que celle de Villa, ce qui lui permet de postuler à la fonction de *primer Jefe*. Parmi les officiers qui se rallient à lui, un général promis aux

Déjà sénateur sous le régime de Porfirio Díaz, Venustiano Carranza (au centre de la photo) s'était rallié à Madero qui en avait fait un ministre, puis un gouverneur de province.

premiers rôles, Alvaro Obregón, dont les troupes contrôlent le nord-ouest du pays.

Reste le Sud où Zapata se bat lui aussi contre Huerta. La victoire passe d'un camp à l'autre

Huerta nomme gouverneur du Morelos ce même général Robles qui y avait semé la terreur en 1912. Robles reprend sa politique de regroupement des populations, dont l'effet majeur est de grossir les rangs zapatistes. On trouve parmi les combattants des enfants de douze ans et les inévitables *soldaderas* que dirige une ancienne marchande de *tortillas* surnommée La China.

Zapata réplique à nouveau par l'attaque des trains militaires : soixante-quinze morts en mars 1913, plus de cent le 1er mai. Le général prend sa revanche en enlevant le 19 août le quartier général de Zapata à Huautla. La rébellion est-elle écrasée? Huerta crie victoire. Robles obtient le ruban bleu de général de division et son adjoint, l'impitoyable colonel Carton, est promu général.

Les vainqueurs doivent vite déchanter. Battue ici, la révolte reprend là, d'autant que Huerta doit dégarnir le Sud pour faire face à la rébellion du Nord. Robles est limogé en septembre 1913. Zapata ne tarde pas à passer à des objectifs plus ambitieux : le 24 mars

L'épisode du train avec lequel Villa s'empare par surprise de Ciudad Juárez est entré dans la légende (à gauche).

Eternel rebelle, Zapata a combattu tous les régimes en place à Mexico : ceux de Porfirio Díaz, Madero, puis Huerta, et demain, celui de Carranza.

1914, il s'empare de Chilpancingo, capitale de l'Etat de Guerrero. Le général Carton, qui commande la garnison, tombe entre ses mains. Zapata le fait fusiller sur la place centrale.

Au printemps 1914, le régime de Huerta entre en agonie et les Etats-Unis vont lui porter le dernier coup

Prétextant un incident qui s'est déroulé à Tampico, le président Wilson envoie sa flotte devant Veracruz et, le 21 avril, fait débarquer un contingent de Marines. Huerta résiste, sacrifiant inutilement les cadets de l'Ecole navale. L'hostilité que suscitent traditionnellement les *gringos* est telle que l'union sacrée est un instant en passe de se ressouder contre l'invasion *yankee*. Mais Huerta a accumulé trop de haines et ses adversaires en profitent pour renforcer leurs positions.

Pancho Villa, qui entretient avec Carranza des rapports orageux, a quelque mal à coordonner son action avec celle du «premier Chef». Celui-ci, cherchant avant tout à l'éloigner de la route de Mexico, l'envoie au nord-est conquérir Saltillo, capitale du Coahuila. Mais Villa, mission accomplie, revient bride abattue participer à l'offensive finale.

L'étau se resserre autour de Mexico. Début mai 1914, Zapata enlève Jojutla et encercle Cuernavaca, à cinquante kilomètres au sud de la capitale. Au nord, Villa et Felipe Angeles livrent contre Orozco et les fédéraux la bataille décisive de Zacatecas. La ville est conquise de haute lutte le 23 juin. A l'ouest enfin, Alvaro Obregón s'empare le 8 juillet de Guadalajara, la deuxième ville du pays.

Les jeux sont faits. Le 15 juillet 1914, le dictateur – qui ne se sera maintenu au pouvoir que dix-sept mois, un mois de plus que sa victime Madero – s'embarque à Veracruz sur l'*Ipiranga*, le même bateau qui avait emmené Díaz en 1911.

Orozco échappe lui aussi à la vengeance de Villa en repassant la frontière américaine. Ni lui ni Huerta ne reverront la terre mexicaine.

L'oncle Sam, irrité par Huerta qui le défie du haut de son cactus, envoie, en avril 1914, un contingent de marines (à droite), à Veracruz, où il parvient à se maintenir quelques mois. En juin, Pancho Villa va remporter, avec Felipe Angeles, sa plus brillante victoire, en battant à Zacatecas, après d'âpres combats, les troupes du dictateur (ci-dessous). Cette victoire scelle le sort de Huerta.

Avec la chute de Huerta, la révolution triomphe. Mais aussitôt s'engage entre les vainqueurs la lutte pour le pouvoir. Ils sont quatre à le vouloir : Pancho Villa, Emiliano Zapata, Venustiano Carranza et le nouveau venu, Alvaro Obregón, en principe «carranciste», mais bientôt appelé à jouer un jeu personnel.

CHAPITRE IV
LE COMBAT DES CHEFS

La guerre civile, tout comme ses «vedettes» (ci-dessus, Zapata), attire des observateurs étrangers. A gauche, l'aviation américaine survole un champ de bataille.

Les constitutionnalistes marquent quelques points. Obregón est le premier à entrer à Mexico le 15 août 1914, précédant de cinq jours *el primer Jefe* Carranza. Succès plus symbolique que réel. Les représentants des différents clans se mettent d'accord pour réunir en terrain neutre, à Aguascalientes, au Teatro Morelos, une «Convention souveraine de la révolution». Si les leaders n'y paraissent pas en personne, les intrigues vont bon train entre les délégués. Très vite, grâce au général Felipe Angeles, villistes et zapatistes s'unissent sur le dos de «Don Venustiano» dont les ambitions irritent ceux qui se sont réellement battus. Habilement, Villa propose d'abandonner son commandement si, de son côté, Carranza renonce au pouvoir suprême.

La formule plaît à la Convention qui choisit finalement pour président provisoire de la République un candidat de compromis, l'obscur général Eulalio Gutiérez. Obregón lui-même se rallie à cette décision, mais Carranza, refusant de s'y soumettre, quitte Mexico pour installer un gouvernement provisoire à Veracruz, que les Américains viennent de quitter. Sa

A Aguascalientes, la violence des débats cache la subtilité des intrigues.

tentative paraît sans espoir. Eulalio Gutiérez prête serment à Mexico le 3 décembre 1914. Le lendemain, c'est la rencontre historique de Villa et Zapata à Xochimilco, au sud de la capitale. Leur rapprochement sera de pure forme. Malgré la sincérité de leurs convictions révolutionnaires, les deux hommes sont trop différents pour s'entendre.

Le président Gutiérez (à gauche) au palais national de Mexico, en décembre 1914, avec Eufemio Zapata, le frère d'Emiliano.

L'éphémère chef de l'Etat ne semble guère à l'aise à cette table de banquet, où il se trouve encadré par Villa et Zapata, ses encombrants alliés.

Entrée triomphale à Mexico

Ce fut peut-être le défilé le plus insolite de l'histoire de la révolution mexicaine. Deux jours plus tôt, Villa et Zapata se sont rencontrés pour la première fois à Xochimilco et aujourd'hui, 6 décembre 1914, ils font leur entrée triomphale à Mexico. Dans le groupe de tête, Villa arbore un uniforme de général (avec casquette). A ses côtés (à gauche), Zapata est en civil, avec son immense sombrero et sa veste de daim. Autour d'eux caracolent les cavaliers de Villa, les célèbres *dorados*, ainsi nommés pour leur goût des tenues clinquantes et des selles incrustées. Derrière eux, le général Felipe Angeles conduit l'artillerie de la division du Nord. Plus encore que les farouches cavaliers, ces canons symbolisent la force de Villa. Aussi spectaculaire dans un autre registre, l'infanterie zapatiste offre aux habitants de la capitale l'image saisissante des damnés de la terre, paysans en pyjamas blancs et aux pieds nus, soldats dépenaillés armés de machettes. Pancho Villa est alors au faîte de sa puissance. Mais son triomphe sera fugitif...

LA EN LA
PRE

Villa et Zapata posent pour la postérité

A l'issue du défilé, les deux hommes, mythes vivants de la révolution, se rendent dans une salle d'apparat du palais national. Sur cette photo, la plus célèbre de l'épopée, le contraste est frappant entre Villa, jovial et sanguin, et Zapata, le regard sombre et fiévreux. L'énorme fauteuil doré – presque un trône – sur lequel est assis Villa, est celui du président du Mexique... Un simple geste de dérision, le temps de la photographie, mais qui illustre le mépris dans lequel Villa tient les autorités officielles...
A droite de Zapata, un des chefs zapatistes, Otilio Montaño.
A gauche de Villa, tenant à la main un casque colonial, Tomas Urbina, un de ses premiers compagnons. L'année suivante, Urbina désertera en pleine bataille avec la caisse de son régiment. Villa retrouvera sa trace et le fera abattre.
On doit cette photo, comme de nombreuses photos historiques de l'époque (dont la précédente) à Augustín Victor Casasola (1874-1938), reporter de presse puis fondateur de la Société des photographes de Presse et de l'Agence d'information photographique du Mexique.

L'occupation de Mexico par les zapatistes donne lieu à des scènes pittoresques, tels ces paysans-soldats déjeunant dans un grand magasin (ci-contre). Ci-dessous : Eufemio Zapata (tenant un sabre) au milieu de son «état-major». Le frère aîné d'Emiliano mourra victime d'un règlement de comptes : un de ses familiers l'abattra en juin 1917.

Question de personnalité, et aussi d'origines. Villa est issu de ce Nord désertique et montagneux, terre d'élevage et de passage. Zapata est né dans un milieu de paysans qui ont pris les armes pour obtenir une réforme agraire.

Le défilé du 6 décembre dans les rues de Mexico accentue le contraste entre les villistes, cavaliers et artilleurs, et la masse des zapatistes, symbole d'une jacquerie sans uniformes et sans moyens.

Les bourgeois de la capitale, qui se calfeutrent chez eux, sont étonnés de voir les zapatistes en pyjamas blancs frapper timidement à leurs portes pour demander de quoi manger. Les pilleurs seront rares. Un des seuls à se conduire comme un soudard sera Villa lui-même qui enlève, pour «l'épouser», une jeune caissière française de l'hôtel Palacio. Il faudra l'intervention du consul de France pour l'arracher au «Centaure du Nord».

De Carranza, politicien opportuniste, Villa disait qu'il était «le chien courant de la révolution».

Le 4 janvier 1915, Villa quitte Mexico qu'il sent peu faite pour lui. L'alliance Villa-Zapata est un échec dont Carranza va profiter

En quelques jours, sa situation s'améliore. Obregón qui, à Aguacalientes, s'était rallié à Gutiérez, fait à nouveau volte-face et rejoint Carranza à Veracruz. Preuve de courage et de flair politique.

Alors que Villa s'apprête à quitter Mexico, inconscient du danger, Obregón réunit quelques troupes et s'empare de Puebla, position stratégique entre le port et la capitale. Peu après, il entre à Mexico, obligeant Gutiérez à s'éclipser.

Zapata, déçu de ces intrigues politiques, refuse toute alliance et se retranche dans son Morelos natal, décidé à y accomplir sa réforme agraire. Sur le terrain, Obregón et Pancho Villa sont désormais seuls face à face.

Si les constitutionnalistes contrôlent Mexico, Villa a lui aussi assuré ses arrières. A Chihuahua, «sa» capitale, il s'est même octroyé le droit de battre monnaie et d'imprimer des billets, non à son effigie comme on l'a raconté, mais à celle de Madero. Mais surtout, il peut compter sur quelques amis aux Etats-Unis, notamment sur le général Scott, en poste à El Paso.

Dans cette confusion, le président Wilson n'a pas encore décidé quelle autorité il reconnaîtrait pour légitime. Sans doute attend-il de voir qui va gagner sur le terrain.

A première vue, la lutte semble inégale entre un Obregón, qui n'a remporté en 1914 que de faciles victoires et ne possède encore qu'un embryon d'armée, et un Villa auréolé de ses triomphes, de la puissance de ses armes et de ses talents de stratège.

Et pourtant, en quelques mois de campagne, Obregón, froid et patient, vaincra un Villa impétueux et trop sûr de lui.

Avant que le combat ne s'engage, Obregón réussit, politiquement, un coup de maître. Il rallie non seulement les classes moyennes de la capitale mais les anarcho-syndicalistes de la *Casa del obrero mundial*. L'accord du 17 février 1915 prévoit que des «bataillons rouges» se joindront à l'armée constitutionnaliste. L'alliance des bourgeois carrancistes et des ouvriers d'extrême-gauche est-elle contre nature? Pas totalement. Opposés par leurs intérêts de classe, ils ont en commun d'être des forces politiques urbaines et centralistes – nous dirions jacobines – alors que villistes et zapatistes sont perçus comme des vachers et des paysans arriérés.

Autre point capital qui va devenir le grand clivage politique des années à venir : carrancistes et ouvriers sont anticléricaux, alors qu'on a vu les zapatistes défiler à Mexico derrière l'emblème de la Vierge de Guadalupe.

Une fois de plus, les chemins de fer vont jouer un rôle essentiel dans la bataille

Les combats se déroulent le long de la ligne Chihuahua-Mexico et c'est en train blindé que de part et d'autre on s'achemine vers le front. Le premier choc se produit du 7 au 13 avril 1915 à Celaya, à seulement cent cinquante kilomètres au nord de Mexico. Villa s'est jeté au-devant de son adversaire dont il compte ne faire qu'une bouchée. Sans attendre Felipe Angeles, dont l'artillerie est encore à trois jours de là, il lance sa cavalerie… et subit une défaite qui le déconcerte.

Que s'est-il passé? Simplement que nous sommes en 1915 et que, depuis huit mois, la guerre fait rage en Europe.

Carranza et Obregón en 1914 (page de gauche). Ci-dessus : rencontre de Obregon, Villa et du général Pershing (au 1er rang); derrière et à droite de ce dernier, Patton. Ci-dessous : caricature représentant Wilson aux prises avec Villa.

„Drauf, Villa! Der ist nur als Neutraler gefährlich, nicht als Feind!“

La guerre ferroviaire

Les trains ont joué un rôle essentiel dans la guerre civile mexicaine, non seulement pour l'acheminement des troupes, mais dans les combats eux-mêmes. Tandis que l'armée fédérale posséde des wagons blindés (ci-contre), les zapatistes, dont les moyens restèrent limités, se contentent d'attaquer les trains ou de faire sauter les voies. Allant plus loin, Villa intégre les chemins de fer dans sa propre stratégie, parvenant à capturer des trains entiers et à les utiliser pour son propre compte. A l'exemple des généraux de la Première Guerre mondiale, il installe un quartier général roulant, dirigeant les opérations depuis son wagon-salon.
Moins exposées, les femmes sont également enrôlées dans la guerre ferroviaire.
Ci-dessus : couverture du *Petit Journal*, novembre 1913.

Page suivante : carte des forces constitutionnalistes et des forces fédérales au début mai 1914.

110°
30°
20°
ARIZONA
R. Gila
NEW-MEXICO
E T A T
El Paso
R. Pe
C. Juarez
Nogales
Naco
Tiedra Blanca
Rio
Hermosillo
Ortiz
Santa Rosa
Santa Maria
Guaymas
Ojinaga (P. del Norte)
Chihuahua
Gde del
SONORA
CHIHUAHUA
Piedr
Monclov
COAHU
BASSE CALIFORNIE
G. de Californie
OCÉAN PACIFIQUE
Topolobampo
San Pedr
Torreon
Culiacan
DURANGO
SINALOA
La Paz
Cabral
Arrieta 5.000 h.
Durango
Mazatlan
Nate 6.00
ZACATEC
Zacatecas
TEPIC
Aguascalientes
San Blas
Tepic
G. Obregon 2o.000 h.
Etzatlan
Gu
JALISCO
Colima
COLIMA
Sanch
MICHO
Manzanillo
Sihuata
Chemin de fer de première importance où la circulation est à peu près régulière.
Chemin de fer.
Troupes et postes fédéraux.
Troupes constitutionnalistes.
Av.g. Avant-garde.
0 100 500 K.

100°
90°
- U N I S
Dallas
R. Brazos
R. Red
Mississipi
Fl. Mississipi
LOUISIANE
MISSISSIPI
Mobile
30°
E X A S
Nouvelle Orléans
San Antonio
Galveston
Eagle Pass
Laredo
Golfe du Mexique
Monterey
Matamoros
TAMAULIPAS
NUEVA LEON
Gutierez
P. Gonzalez
20.000 h.
Tampico
I. Lobos
Tuxpan
Av. g.
QUERETARO
HIDALGO
Camacho
1.500 h.
Bonilla
Tecolutla
Jalapa
VERA CRUZ
Vera Cruz
Orizaba
Puebla
PUEBLA
Marquez
4.000 h.
P. Blanco
J. F. Dominguez
OAXACA
Oaxaca
Salina Cruz
TABASCO
CHIAPAS
Carmen
CAMPECHE
Merida
YUCATAN
QUINTANA ROO
20°
Belize
HONDURAS ANGL.
GUATEMALA
HONDURAS

Elle n'est pas sans enseignements pour ceux qui s'y intéressent. C'est le cas d'Obregón qui a fait venir des conseillers militaires allemands. A Celaya, les *dorados*, les beaux cavaliers de Villa, se font mettre en pièces par les barbelés, les tranchées et les mitrailleuses bien enfouies que l'adversaire leur oppose.

Sans comprendre ce qui lui arrive, Villa, bataille après bataille, renouvelle ses désastreuses attaques frontales. Progressant vers le nord, Obregón affronte à nouveau son ennemi du 29 avril au 3 juin à Trinidad. Il frôle la défaite et, en s'exposant courageusement, perd un bras. Finalement, il l'emporte. Sentant la victoire à sa portée, il s'enfonce vers le nord, laissant le champ libre à Zapata qui en profite pour réoccuper Mexico en juillet 1915.

Santa Anna avait gagné la popularité en perdant une jambe au combat. En perdant un bras, Obregón devient «le héros de Celaya».

Tactique payante. Obregón confirme sa victoire sur Villa le 3 juillet à León et le 10 à Aguascalientes.

Villa, il est vrai, n'a pas eu de chance. Les munitions qu'il a reçues des Etats-Unis ne sont pas du bon calibre et un de ses généraux et plus vieux compagnons, Tomás Urbina, a déserté en emportant la caisse du régiment... Comme pour lui porter le coup de grâce, le 15 octobre 1915, Wilson reconnaît le gouvernement de Carranza.

Grandiose dans l'adversité, Villa se ressaisit. Alors qu'on le croit à Chihuahua, il franchit les cols de la Sierra Madre en plein mois de novembre, perd dans l'affaire son fidèle Rodolfo Fierro qui se noie en traversant un torrent, et vient attaquer le général carranciste Plutarco Calles, à Agua Prieta, ville-frontière du Sonora. Nouveau coup d'audace mais nouvelle défaite : les Etats-Unis ont permis à Obregón d'envoyer des renforts à Calles en passant par leur territoire.

Indispensables pour le transport des armées, les trains de troupes étaient également très vulnérables avec leurs wagons surchargés et leurs toits encombrés d'hommes et de femmes. Il était relativement facile de les faire dérailler ou de les attaquer. «Pour les Mexicains, il n'est pas nécessaire de faire partie du personnel des chemins de fer pour couper une voie ferrée. Faire sauter un train avec de la dynamite ou détruire rapidement les rails sur une douzaine de kilomètres est, après dix ans de révolution, devenu un art national à la portée de tous», écrit Blasco Ibanez en 1920.

Ivre de rage, Villa, le 9 mars 1916, va massacrer quelques Américains dans la petite ville de Columbus (Nouveau-Mexique). Avec l'accord de Carranza, Washington réplique à cette incursion en envoyant à son tour en territoire mexicain une expédition punitive commandée par le général Pershing.

Les Américains, qui connaissent mal le terrain, ne parviendront pas à établir le contact avec un adversaire qui se dérobe. L'année suivante, Pershing ira conquérir ses lauriers sur les champs de bataille européens.

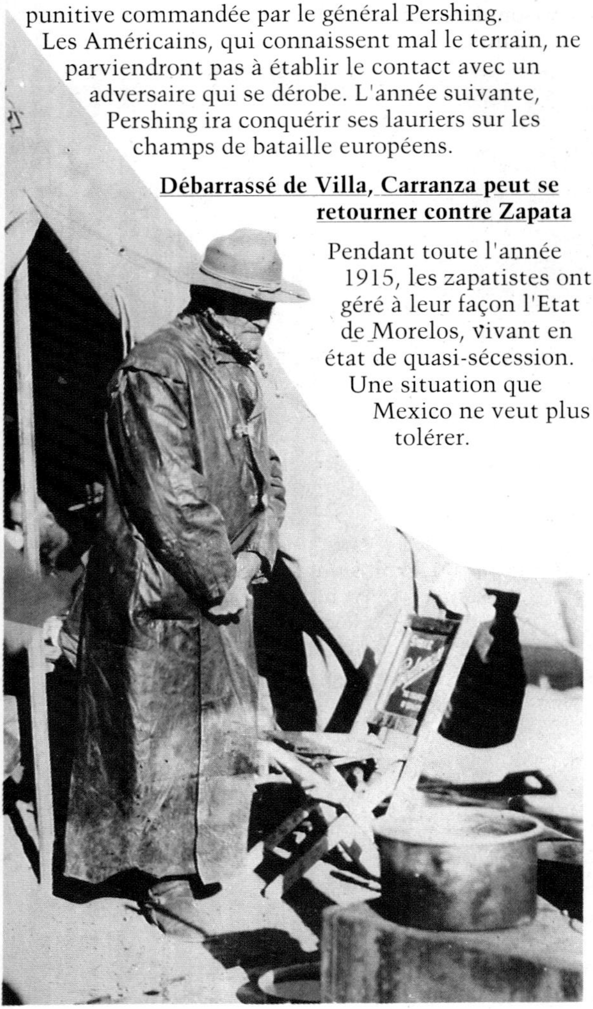

Débarrassé de Villa, Carranza peut se retourner contre Zapata

Pendant toute l'année 1915, les zapatistes ont géré à leur façon l'Etat de Morelos, vivant en état de quasi-sécession. Une situation que Mexico ne veut plus tolérer.

En pénétrant jusqu'à Colombus, Pancho Villa peut se vanter d'avoir réussi l'unique incursion de soldats étrangers sur le territoire des Etats-Unis depuis la guerre anglo-américaine de 1812. (Ci-dessus, un combattant villiste). Carranza calme les Américains en leur suggérant lui-même de recourir au «droit de poursuite» reconnu contre les hors-la-loi écumant la frontière. Mais le général Pershing (ci-contre) ne parviendra jamais à l'objectif que s'était fixé son expédition punitive : capturer Villa et le ramener aux Etats-Unis.

Pour y rétablir l'ordre, Carranza envoie le général Pablo González. Décidé à utiliser la manière forte, celui-ci commence par reprendre la capitale Cuernavaca, le 2 mai 1916. Puis, à la mi-juin, il porte le fer jusque dans le sanctuaire zapatiste de Tlaltizapan. Trois cents prisonniers sont fusillés, dont beaucoup de femmes et d'enfants.

González reprend les méthodes qu'avait utilisées Robles deux ans plus tôt : terre brûlée, regroupement des populations. Zapata relève le défi : le 7 novembre 1916, à Joco, dans le district fédéral de Mexico, il fait sauter le train Mexico-Cuernavaca. L'explosion, entendue depuis la capitale, fait quatre cents morts. Le gouvernement ordonne alors de fusiller séance tenante quiconque s'approcherait sans motif d'une ligne de chemin de fer.

L'«Attila du Sud» reprend l'offensive en décembre. Il chasse González de Tlaltizapan, de Jojutla et, en janvier 1917, l'oblige à transférer son quartier général à Mexico.

Le général Pablo González (deuxième à droite, au milieu de son artillerie) est un de ces généraux politiques, davantage experts en «coups tordus» qu'en stratégie militaire. Il est accompagné de Jesús Carranza, le frère du président (à droite). De 1916 à 1919, González combat Zapata mais n'en vient à bout que grâce à une ruse savamment ourdie. En 1920, il trahit Carranza en précipitant sa chute et en bloquant sa fuite vers Veracruz. Il eut également des ambitions présidentielles mais Obregón, une fois élu, l'enverra en exil.

Inéluctablement, le temps travaille contre Zapata et contre Villa

Le 5 février 1917, Carranza promulgue une nouvelle Constitution, qui accroît les pouvoirs du gouvernement fédéral, même si le mandat présidentiel, de quatre ans, n'est pas renouvelable. Disciple déclaré de Madero, Carranza a dû accepter

Le regard glacial de Carranza dément l'allure débonnaire et la barbe blanche d'un vieux sage.

cette disposition chère au cœur des démocrates mexicains depuis les mandats à répétition de Porfirio Díaz. Le sous-sol devient propriété de l'Etat et des mesures sociales sont prévues : journée de huit heures, salaire minimum, droit syndical, interdiction du travail des enfants, etc. La Constitution a surtout une forte tonalité anticléricale. L'enseignement, l'état civil, la propriété foncière sont dorénavant interdits à l'Eglise. Le 11 mars, des élections ont lieu dans tout le pays (sauf dans le Morelos, toujours insurgé). Carranza devient président le 1er mai 1917.

Le pouvoir étant ainsi consolidé, le général González repasse à l'attaque au sud, reconquiert Cuautla. L'étau se resserre pendant l'année 1918, mais sans résultat décisif.

10 avril 1919 : c'est le piège final. L'«Attila du Sud» est abattu

La mise en scène de González est sans faille. Il se brouille ostensiblement avec un de ses adjoints, le colonel Guajardo, qu'il humilie en public. Nul ne s'étonne, dans cette pittoresque armée, qu'un colonel mécontent déserte avec ses hommes pour rallier l'adversaire. Contact est pris. Une première rencontre a lieu au village de Jonacatepec. Zapata et le colonel sont entourés de leurs hommes. Ambiance cordiale, accolade. Guajardo offre un superbe alezan à Zapata et l'invite à déjeuner le lendemain, 10 avril 1919, à l'hacienda Chinameca.

Zapata s'y rend avec seulement quelques amis. Quand il pénètre dans la cour, une rangée de soldats lui présente les honneurs et, à un signal donné, le fusille à bout portant... Le cadavre est ramené triomphalement à Cuautla et photographié pour couper court à toute rumeur de survie.

Le «Centaure du Nord» ne survivra que quelques années à l'«Attila du Sud». Pourtant, en un ultime sursaut, Pancho Villa reprend les armes le 19 avril 1919, quelques jours après la mort de Zapata. Il a fait revenir de Californie où il s'était exilé le général Felipe Angeles avec l'idée d'en faire un candidat crédible aux élections présidentielles de 1920. Comme un écho de son ancienne gloire, les mêmes noms de ville reviennent dans les communiqués : en avril, il s'empare de Parral (où les défenseurs retranchés dans l'église sont tous fusillés); en juillet de Ciudad Juárez, livrée au pillage. Mais les exactions de Villa lassent une population qui aspire au calme. Le général Angeles, surpris le 15 novembre 1919 par une patrouille gouvernementale, est sommairement jugé et fusillé le 24.

Le cadavre de Zapata, photographié dans le poste de police de Cuautla : nous sommes au soir du 10 avril 1919. Ce genre de clichés, assez fréquents à l'époque, ne relève pas seulement d'un goût du morbide : les autorités craignaient que la mort du rebelle ne soit mise en doute, voire que des usurpateurs n'abusent de la crédulité des paysans. Ci-contre : «Calavera zapatista» (tête de mort zapatiste), gravure sur bois attribuée à Posada.

Avant de s'incliner, Pancho Villa aura la satisfaction d'assister à la chute de Venustiano Carranza

Les élections approchent. Carranza, comme tant d'autres avant ou après lui, tente de contourner la règle du mandat unique en suscitant la candidature potiche d'un de ses fidèles. Alvaro Obregón, qui s'est retranché dans son Etat natal du Sonora, ne l'entend pas ainsi. Il rompt avec Carranza et lui oppose sa propre candidature.

En quelques semaines, le pouvoir de Carranza se désagrège. Le 15 mai 1920, il se résout à quitter Mexico et prend le chemin de Veracruz. Moins heureux que Díaz ou Huerta, il n'y parviendra pas : dans la nuit du 20 mai, à Tlaxcalantongo, il est assassiné dans son sommeil par un de ses gardes.

Obregón entre alors en triomphateur à Mexico. Signe de réconciliation, deux anciens zapatistes, Genovevo de la O et Gildardo Magana, sont à ses côtés… avec le général González. Habilement, Obregón préfère devoir sa future présidence à des élections régulières. Le Congrès nomme président provisoire un de ses amis, Adolfo de la Huerta.

Celui-ci fait aussitôt des offres de paix à Villa, qui va sortir de l'Histoire la tête haute. Ce n'est pas une capitulation mais un traité d'égal à égal qui est conclu le 28 juillet 1920 à Sabinas, dans le Nord. Le vieux lutteur, rétabli dans son grade de général de division, se retirera dans l'*hacienda* de Canutillo, près de Parral dans le Durango. Il aura droit, aux frais de l'Etat, à une garde personnelle de

Pancho Villa en compagnie de son épouse Austreberta Renteria. L'ancien chef prestigieux qui, à la tête de la division du Nord, a fait trembler tout le Mexique et aurait pu accéder à la présidence en 1914, n'est plus qu'un paisible *hacendado*, pratiquement oublié de ses compatriotes. Le symbole de temps déjà révolus.

Mais la violence à laquelle Villa a renoncé le rejoint trois ans presque jour pour jour après qu'il eut accepté de déposer les armes. Le 23 juillet 1923, dans les rues de Parral, sa Dodge est criblée de balles. Villa et ses amis sont tous tués sur le coup.

cinquante hommes. Ses officiers et soldats sont intégrés dans l'armée. Une dernière fois, le long de la route de Parral, retentissent les cris de «Viva Villa!»

Pouvait-on imaginer Villa mourant dans son lit? Difficilement. Pourtant il mène pendant trois ans une vie paisible d'*hacendado*. Mais derrière lui il a laissé trop de sang et de haines.

Ils sont huit – obéissant à quelles rancunes ou à quels ordres venus de plus haut? – qui le guettent depuis une maison de Parral, la ville où il lui arrive de venir en voisin. Le 23 juillet 1923 au matin, l'occasion se présente. La Dodge, où Villa a pris place avec quatre de ses amis, est criblée de balles. Aucun d'eux n'en réchappe.

La violence est-elle morte avec celui qui la symbolisa? Pas encore. Une dernière et sanglante épreuve attend le Mexique.

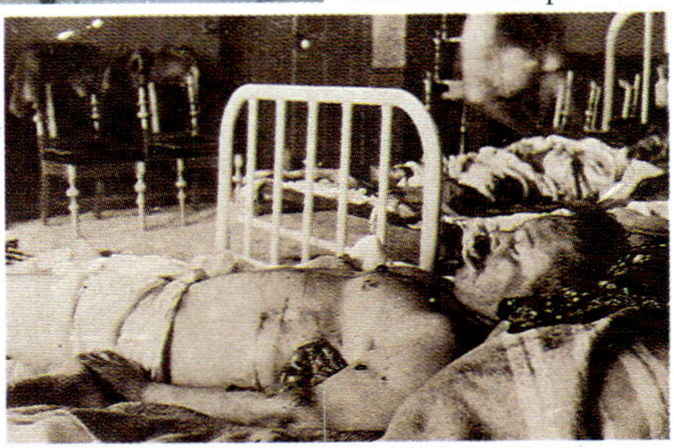

Après sa mort, le corps de Pancho Villa est étendu sur un lit de l'hôtel Hidalgo à Parral. Sa tombe fut profanée quelques années plus tard. On a raconté que le voleur lui avait coupé la tête, celle-ci ayant jadis été mise à prix par les Etats-Unis. Encore la légende...

Soldados Libertadores
presentando Armas.- Procesion
del Corpus.- Huejuquilla, Jal. Mex
(6-7-28.)

Avec l'élimination de Villa et de Zapata, le Mexique est en train de changer. Le pays, excédé par les massacres et les pillages, aspire à la paix et à la stabilité. Malheureusement, la nécessaire reconstruction sera vite compromise par un sanglant conflit religieux.

CHAPITRE V
LE TEMPS DES FANATISMES

❝ Un prodige eucharistique au Mexique : chassées de leur couvent par la soldatesque, les carmélites d'Ameca songent à sauver les Saintes Espèces enfermées dans le tabernacle. Mais – o prodige! – sans que personne mît la main sur les hosties, celles-ci s'élèvent dans les airs et volent aux lèvres des trois religieuses.❞

Le Pèlerin, 8 janvier 1928

Sentant révolu le temps des seigneurs de la guerre, les chefs des différentes armées cherchent à monnayer une retraite dorée. «Je ne connais pas de général, dit cyniquement Obregón, qui résiste à une canonnade de cinquante mille pesos.» Généreux avec Villa, les nouveaux maîtres sont plus durs avec Felix Díaz et Pablo González, qui sont exilés.

Quant aux anciens guérilleros, leur sort est varié. Les plus brillants des cavaliers de Villa finiront leur carrière à Hollywood où on utilisera leurs talents dans les westerns; d'autres retrouveront leurs champs ou leurs troupeaux; les plus déclassés verseront dans le banditisme, tel l'ancien général zapatiste Ines Chaves García, qui fera régner la terreur sur les routes du Sud pendant trois ans.

Au sommet, le clan des vainqueurs sait concilier l'idéologie avec l'intérêt personnel. A l'exemple d'Obregón, d'anciens révolutionnaires faméliques se convertissent en caciques enrichis par la corruption. Une bureaucratie se met en place. Elle conservera le pouvoir jusqu'à nos jours.

La révolution donne l'impression d'entrer dans une phase «thermidorienne». Les années 1920-1923, relativement paisibles, permettent à Obregón d'appliquer son programme

Obregón, dans les années 20, est devenu un politicien cynique : «Je n'ai qu'une main et mes adversaires en ont deux. Le peuple me préfère, car je ne peux pas voler autant qu'eux.»

Un effort remarquable est fait dans le domaine de l'éducation. Le ministre José Vasconcelos lutte contre l'analphabétisme (des enfants et des adultes) et développe l'enseignement technique, y compris pour les femmes.

Ces années sont également fastes sur le

plan économique. Le pays se relève peu à peu. A cette époque, il assure un quart de la production mondiale de pétrole.

Seul point noir, les Etats-Unis refusent de reconnaître le nouveau président tant que le Mexique n'aura pas accepté de payer sa dette étrangère et d'indemniser les citoyens américains victimes de pillages.

En 1923, de discrètes négociations ont lieu à Mexico, rue de Bucareli. D'où le nom d'« Accords de Bucareli », par lesquels le Mexique se plie aux volontés de Washington. Pour ne pas perdre la face, Obregón tient secrètes les concessions qu'il a consenties. En retour, le soutien qu'il obtient des Etats-Unis sera sans faille, pour lui comme pour ses successeurs : toute tentative de déstabilisation du régime sera vouée à l'échec. Depuis 1910, il est clair que le sort des différentes factions révolutionnaires se joue au moins autant à Washington que sur le terrain. « Pauvre Mexique, si loin de Dieu et si près des Etats-Unis... »

On le voit bien, en décembre 1923, lorsqu'une fois encore une crise naît du problème de la non-réélection. Obregón, comme Carranza avant lui, voudrait continuer à gouverner en portant à la présidence son ami, sonorien comme lui, Plutarco Calles. L'ancien président intérimaire Adolfo de la Huerta, lui aussi candidat, devient le porte-drapeau

Sur les marches du train présidentiel, en 1923 (à gauche), Alvaro Obregón (2e rang à droite), Plutarco Calles (2e à gauche) et José Vasconcelos (en haut, à gauche). Ce dernier, écrivain passionné par la politique, participa à la Convention d'Aguascalientes avant de s'exiler aux Etats-Unis par hostilité envers Carranza. Il n'a encore que trente-huit ans lorsque Obregón le rappelle pour lui confier le portefeuille clé de l'éducation. Un effort immense est alors accompli : salaire des instituteurs triplé, budget de l'instruction publique multiplié par cinq. Ci-dessus, à gauche : fresque de D. Rivera au ministère de l'Education nationale « l'Alphabétisation ». A droite : Obregón visitant une usine à Mexico, en 1923.

d'une rébellion militaire qui touche une large partie de l'armée, notamment à Veracruz et dans l'ouest du pays.

A nouveau, le pays est à feu et à sang. Obregón, aidé par les Etats-Unis dont la marine de guerre bloque la côte Atlantique, écrase la rébellion d'abord à Puebla puis à Veracruz en janvier 1924. Battant ses adversaires de vitesse et s'inspirant avec les taxis de Mexico de l'exemple des taxis de la Marne, il transporte ses troupes vers l'ouest et, en février, remporte la bataille de Palo Verde.

L'armée est mise au pas, plus de cinquante généraux sont fusillés.

Les Indiens ont été souvent incorporés dans l'une ou l'autre des armées en présence, mais sont restés à l'écart de la révolution (ci-dessus, Indiens yaquis au repos dans l'Etat de Jalisco, en 1924).

On raconte qu'un des leaders de l'insurrection, un civil, ne tombant pas sous le coup du décret ordonnant l'exécution immédiate des officiers rebelles, on en référa à Mexico qui répondit par deux télégrammes : le premier élevait l'accusé au grade de général, le second le condamnait à mort...

Sans surprise, Plutarco Calles est élu président. Avec lui va s'exacerber le problème majeur de la décennie 1925-1935 : le conflit entre la révolution et les catholiques

Dans les premières années de la révolution, il avait peu été question de religion. Madero était spiritualiste ; Villa et Zapata s'étaient bien gardés de heurter les croyances de leurs propres troupes. Le problème resurgit avec Carranza et ses amis anticléricaux, si liés à la franc-maçonnerie qu'en 1929 Portes Gil, alors président, pourra dire qu'«au Mexique, l'Etat et la maçonnerie sont une seule et même réalité».

Hostiles à la religion en général, les anticléricaux le sont plus encore au catholicisme romain, coupable à

Né en 1877 dans le Sonora, Plutarco Calles connut une ascension typique du Mexique de l'époque. Cet homme d'affaires rallié à la révolution devient général, comme Villa et Obregón, sans avoir reçu la moindre formation militaire. Il soutiendra Obregón, puis mènera contre lui une sourde lutte d'influence. «Au Mexique, écrit Blasco Ibanez, la trahison est à l'ordre du jour, et l'ami du moment est infailliblement l'ennemi du lendemain.»
Ci-contre : cadavre sur le champ de bataille de Palo Verde. Il y aura un million de morts au Mexique entre 1910 et 1929.

leurs yeux d'être un agent de l'étranger et un héritage colonial. Oubliant les prêtres *insurgentes*, ils identifient l'Eglise au conservatisme réactionnaire, de la guerre civile de 1858 à la dictature de Huerta, en passant par celle de Díaz. Ils lui reprochent, en outre, d'être un facteur d'immobilisme social et économique. A leurs yeux, l'heure n'est plus à la séparation de l'Eglise et de l'Etat, ni même à la réduction de son influence, mais à sa disparition pure et simple.

Quelques hommes vont incarner un anticléricalisme fanatique où le ridicule le dispute à l'odieux

C'est le cas de Calles, celui de son ministre de l'Intérieur, Tejeda, et de son ministre de la Guerre, le général Joaquin Amaro, à qui ses collaborateurs offrent, le jour de sa fête, un banquet dans l'ex-église San Joaquin. On y festoie sur l'autel et on trempe les hosties dans le café, servi dans les calices. Un autre personnage pittoresque, Garrido Canabal, gouverneur de Tabasco, au sud-est du pays, exige, quant à lui, que les prêtres de son Etat se marient…

Après la suspension des cultes en 1926, les églises servent aux usages les plus inattendus : le mess des officiers francs-maçons a chassé la messe dans la cathédrale de Mexico.

OLUCION debe
nar a los Curas,
que los CURAS
en la Revolucion

Enfin le leader syndicaliste, Luis Morones, patron de la C.R.O.M. (Confédération de la région ouvrière mexicaine), compte parmi les plus enragés. C'est lui qui met le feu aux poudres en février 1925 en tentant d'imposer une Eglise schismatique. Des incidents sanglants ont lieu à Mexico où les syndicalistes envahissent une église pour y installer un certain Joaquin Perez à la tête d'une *Iglesia catolica apostolica mexicana*.

L'affaire échoue, mais provoque une réaction des catholiques au sein de la *Liga nacional defensora de la libertad religiosa*. Le conflit demeure latent pendant une année encore. L'épiscopat, sur les instructions de Rome, multiplie les tentatives de conciliation. La Ligue, moins temporisatrice, propose le boycott de tous les produits et services d'Etat. La rupture est consommée en juillet 1926 lorsqu'est promulguée la «loi Calles» qui impose à l'Eglise de nouvelles mesures coercitives, dont

Dans les années 20, la propagande contre l'Eglise est violente. On peut lire sur les affiches : «La révolution doit guillotiner les curés avant que les curés ne guillotinent la révolution». En matière de religion, les révolutionnaires mexicains professent des solutions radicales, plus proches de celles des bolchéviques que des anticléricaux français. Pendant tout le printemps 1926, le mouvement de protestation des catholiques s'amplifie, notamment dans les campagnes (ici, manifestation à Tlalpujahua).

l'enregistrement des prêtres au ministère de l'Intérieur. Sous l'influence de la Ligue, le comité épiscopal décide la suspension des cultes au 31 juillet.

Le gouvernement ironise sur cette mesure qui, dit-il, va au-devant de ses désirs, tandis que les fidèles se pressent pour recevoir les sacrements.

Dès le lendemain, dans les campagnes, les catholiques prennent les armes. La révolution mexicaine va connaître sa guerre de Vendée : la révolte des «Cristeros»

Le mouvement, né du désespoir des fidèles privés de leurs églises, prend tout le monde au dépourvu. Le gouvernement a grossièrement sous-estimé les sentiments religieux des Mexicains, imaginant les campagnes à l'égal des villes où les hommes qui comptent sont francs-maçons et où la religion n'est plus qu'une «affaire de bonnes femmes». Quant à

Groupe de *Cristeros* du régiment «Valparaiso» (qui se bat dans l'Etat de Zacatecas), photographiés avec leurs familles.

l'Eglise, elle est tout aussi surprise, car elle a prêché la résistance passive, et en aucun cas la violence armée.

Au départ, l'insurrection, spontanée, dépourvue de cadres et d'organisation, se limite aux Etats du centre-ouest – Jalisco, Colima, Guanajuato, Michoacan. Les paysans catholiques se débandent au premier choc. «Ce n'est pas une campagne militaire, c'est une partie de chasse», télégraphie un général à Mexico.

Il va vite changer d'avis. En effet, la révolte se durcit et s'étend comme une tache d'huile à tout le plateau central du Mexique, à l'exception de la capitale et des grandes villes. Un général est tué en octobre 1926, un régiment anéanti en décembre dans le Jalisco.

Le ministre de la Guerre, le général Amaro, s'efforce de donner à son armée la mobilité nécessaire en recourant aux trains blindés, aux camions et même à l'aviation, une arme nouvelle au Mexique. Rien de tout cela ne suffit. Les rebelles se déplacent grâce à leur cavalerie et, dès que les colonnes fédérales sont passées, la guérilla renaît.

A partir de 1926, les églises de campagne sont laissées à l'abandon car la plupart des prêtres, obéissant à leur hiérarchie, ont déserté la Christiade et se sont regroupés dans les villes. Aussi les messes sont-elles célébrées en plein air jusqu'au retour de la paix en 1929. Ci-dessus, à gauche et à droite : cérémonies religieuses à Haejuquilla, dans la région des Altos de Jalisco, un des «sanctuaires» de la rébellion catholique.

Du côté des *Cristeros* – ainsi les a-t-on nommés à Mexico, car ils ne cessent d'invoquer le Christ-Roi – on s'organise et on se cherche un chef. On finit par trouver en 1927 le général Enrique Gorestieta, officier de carrière en demi-solde. Personnage tout à fait inattendu à la tête d'une pareille croisade. Libéral, franc-maçon, il ne partage aucunement la foi des *Cristeros* mais, dégoûté par les hommes au pouvoir, il a quitté l'armée. C'est le type même du soldat perdu, sceptique au fond de lui-même sur la cause qu'il défend et plus encore sur ses chances de victoire, mêlant un certain nihilisme à un idéal de pureté, dévoré surtout par un besoin d'action.

Gorestieta structure son armée en divisions, brigades, régiments, restaure la discipline chez ces soldats-paysans toujours prêts à donner leur sang, mais aussi à repartir chez eux pour la moisson.

La grande originalité des «Cristeros» est d'être de simples fidèles qui agissent malgré et parfois contre le clergé

La hiérarchie épiscopale a espéré jusqu'au bout composer avec le pouvoir. Elle n'a jamais appelé à l'insurrection et, quand celle-ci se déclenche, elle

Rares sont les prêtres qui, à l'exemple de celui-ci, défient leurs évêques et osent se joindre aux *Cristeros*. D'après Jean Meyer, l'historien de la Christiade, tout au plus une centaine de prêtres accompagnent les combattants, mais ils ne sont que cinq, en tout et pour tout, à prendre les armes. Page de droite : un prêtre pendu par les soldats fédéraux.

prend ses distances, ordonnant aux curés de campagne de se replier sur la capitale et refusant aux *Cristeros* le secours des aumôniers. Ils ne seront qu'une poignée de prêtres à passer outre. Deux d'entre eux deviendront généraux de la Christiade dans la région des Altos de Jalisco, cœur de la rébellion : le père Aristeo Pedroza, qui commande une brigade, est une sorte de moine-soldat, ascétique, considéré par ses hommes comme un saint; le père José Vega, connu au contraire pour son penchant pour les femmes et la boisson, incarne ce clergé mexicain dont le pouvoir dénonce la vie peu édifiante.

Impliqué à tort ou à raison dans un attentat commis contre Alvaro Obregón, le père Miguel Agustín Pro Juárez (en bas, au centre) est fusillé à Mexico le 23 novembre 1927 avec son frère et deux autres militants catholiques.

Pauvres en armement et plus encore en munitions, les «Cristeros» mettent pourtant en échec l'armée fédérale

Celle-ci a paru l'emporter au printemps 1927. Les *Cristeros* en sont alors réduits aux actions terroristes : attaque du train Mexico-Guadalajara, le 20 avril, et tentative d'assassinat de l'ex-président Obregón en novembre. Une bombe est jetée sur sa voiture dans une rue de Mexico. Le général est indemne. Quatre personnes seront fusillées : les auteurs de l'attentat et un jésuite, le père Pro Juárez, probablement innocent.

Dans les villes, des jeunes filles catholiques ont constitué une société secrète, les B.B. (*Brigadas bonitas* : jolies brigades) qui aident, approvisionnent et renseignent les *Cristeros*.

L'extrême mobilité des petites unités de *Cristeros* était un de leurs principaux atouts dans la guérilla. Ci-dessous : un groupe de rebelles faisant une brève halte pour se restaurer, dans le nord du Mexique en 1929.

C'est lors de ce banquet qu'Obregón (au centre) est assassiné. Etudiant des Beaux-Arts, le meurtrier dessinait ostensiblement des portraits du général qui, imprudemment, permit au jeune homme de s'approcher. Ci-dessous : la Vierge du Guadalupe, patronne du Mexique et des *Cristeros*.

Sur le terrain, ceux-ci reprennent l'avantage au cours de l'hiver 1927-1928 et s'enhardissent jusqu'à lancer une attaque en règle du port de Manzanillo, sur le Pacifique.

A Mexico, cependant, le mandat de Calles s'achève. Obregón, prétendant que la règle de non-réélection n'interdit que les mandats successifs, se présente et l'emporte. Réélu le 1er juillet 1928, il ne profite guère de sa victoire. Le 17, alors qu'il préside un banquet au restaurant «La Bombilla» à Mexico, un jeune étudiant catholique, José de León Toral, parvient à s'approcher et lui décharge son revolver dans la tête. Un proche de Calles, Emilio Portes Gil, lui succède.

La lutte fait rage un an encore. Offensive fédérale en décembre 1928 et contre-offensive rebelle en février, puis en avril 1929 : malgré leur infériorité en effectifs et en matériel, les *Cristeros* parviennent à menacer la capitale. La mort au combat de Gorestieta, le 2 juin 1929, ne parvient pas à briser leur élan. De part et d'autre, le fanatisme est à son comble. L'assassin d'Obregón, exécuté le 9 février 1929, est vénéré comme un saint par les catholiques. «*Viva Cristo-Rey! Viva la Virgen de Guadalupe!*», crient les insurgés. «*Viva el Demonio!*», répliquent les fédéraux qui, non contents de fusiller les *Cristeros*, fusillent calvaires et crucifix. Malgré une répression féroce, émaillée d'atrocités, il est clair qu'aucune solution militaire n'est possible.

Lassé du conflit, le gouvernement reprend alors contact avec les évêques mexicains

Les ponts n'avaient pas été totalement coupés. Du côté de l'Eglise, un seul prélat avait osé approuver la Christiade. Du côté gouvernemental, on avait expulsé tous les

évêques en avril 1927, mais on n'avait jamais attenté à la liberté, ni, a fortiori, à la vie d'aucun d'entre eux.

L'ambassadeur des Etats-Unis au Mexique, Dwight Morrow, joue les médiateurs. C'est lui qui, le 5 juin 1929, en grand secret, ramène en train au Mexique les deux évêques les plus portés à la conciliation, Mgr Ruiz y Flores et Mgr Díaz Barreto.

Une brève négociation avec le président Portes Gil aboutit le 22 juin à la signature des *Arreglos* (arrangements). Ceux-ci constituent de la part de l'Eglise une véritable capitulation. Elle accepte la réouverture des lieux de culte et ordonne aux *Cristeros* de déposer les armes, sous peine d'excommunication. En échange, le gouvernement se contente de promettre l'assouplissement d'une législation à laquelle il ne renonce pas et une amnistie qu'il n'observera pas davantage : le jour même où il obéit à l'injonction des évêques, le 3 juillet, le père Aristeo Pedroza est arrêté et fusillé. Ils seront des centaines à subir le même sort.

Pour les chefs *cristeros*, l'attitude des évêques est comparable à une trahison. «Je ne pouvais pas refuser aux catholiques le droit de se soumettre à nos lois», dit en se moquant Portes Gil, le 27 juillet, au cours d'un banquet maçonnique.

Les choses deviennent plus claires si l'on sait que Pie XI a approuvé, peut-être imposé, les *Arreglos*. Ceux-ci s'inscrivent dans le droit fil d'une politique vaticane qui consiste alors à se rapprocher des gouvernements en place, fussent-ils hostiles à la religion (c'est l'époque des accords du Latran avec Mussolini) et à s'opposer à tout mouvement déstabilisateur, même et surtout s'il est catholique. Le désaveu des *Cristeros* est contemporain de la condamnation par le même Pie XI, en 1927, de l'Action française, le mouvement royaliste de Charles Maurras.

Le dimanche 30 juin 1929, les cloches des cathédrales mexicaines sonnent pour la première fois depuis trois ans. Le prix en était lourd et la paix religieuse n'avait pas été restaurée pour autant.

La répression contre les *Cristeros* fut très brutale et les atrocités nombreuses. A gauche, des soldats de l'armée fédérale exposent le cadavre d'une de leurs victimes.

La hiérarchie catholique, en accord avec le pape Pie XI (ci-dessus), condamna la Christiade et fut singulièrement indulgente pour les anticléricaux mexicains. Elle sera moins conciliante en 1936 pour la République espagnole. Il est vrai que Franco avait des chances de l'emporter, ce que n'eurent jamais les *Cristeros*...

Pendant plusieurs années encore, le Mexique s'abandonne à ses démons. Ceux-ci s'incarnent dans un homme, Plutarco Calles, hanté par l'idée d'extirper la religion catholique. Dirigé d'une main de fer, le pays manque de verser dans la dictature totalitaire. En 1934, Cárdenas apaise les conflits et s'attache à moderniser ce pays.

CHAPITRE VI
LA RÉVOLUTION INSTITUTIONNALISÉE

Avec Lázaro Cárdenas, s'ouvre une période d'accalmie et de prospérité. C'est lui qui fait entrer le Mexique dans la modernité.

Calles respecte en apparence la règle du mandat unique. Président de 1924 à 1928, il ne s'est jamais représenté mais, après l'assassinat d'Obregón, place des fidèles à la tête de l'Etat : Portes Gil en 1928-1929, Ortiz Rubio de 1929 à 1932, le général Rodriguez de 1932 à 1934. En réalité, il est l'homme fort du régime, le *Jefe maximo* comme il s'intitule lui-même. Il fait et défait présidents, ministres et gouverneurs. Lorsque Ortiz Rubio cesse de lui plaire et manifeste des velléités de politique personnelle, il le renvoie et l'exile en septembre 1932.

L'armée, après un dernier soulèvement en 1929, semble matée. Disciple de Mussolini, Calles introduit le système du parti unique, le Parti national révolutionnaire, le P.N.R., dont il détient le contrôle absolu. La dictature est particulièrement féroce en matière religieuse. Les *Arreglos* n'ont rien réglé... Les anciens *Cristeros* désarmés sont pourchassés et abattus. Les gouverneurs d'Etat restent libres de fixer le nombre de prêtres autorisés à exercer leur ministère. A ce régime-là, ils ne seront plus que quelques centaines dans tout le Mexique. Dans le Tabasco (qui servira de cadre à *la Puissance et la gloire*), le gouverneur Garrido Canabal se déchaîne. Ses «Chemises rouges» traquent les derniers prêtres, rasent les églises, détruisent les objets de culte jusque chez les particuliers.

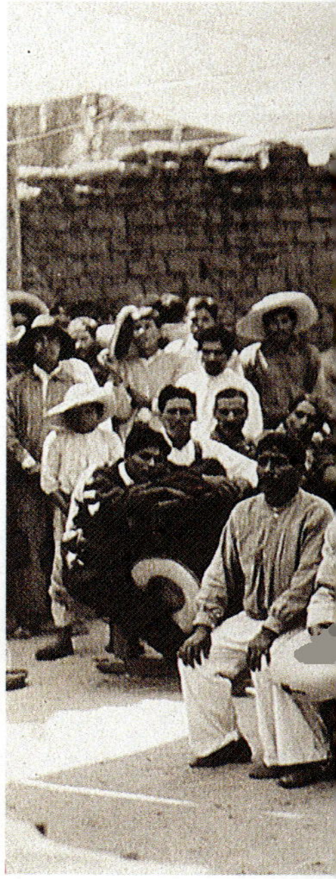

Pendant ces années, la paysannerie, fer de lance de la révolution, continue à être agitée de mouvements revendicatifs. Désireux là aussi d'éviter un sursaut de violence, Cárdenas reprend la réforme agraire et effectue une redistribution des terres à une échelle sans précédent. Ci-contre : paysans lisant *El Machete* (la machette), journal communiste, en 1928.

Le gouvernement central n'est pas en reste, envoyant dans les campagnes des «missions laïques» et des «brigades culturelles». En 1934, le ministre de l'Instruction publique, Narciso Bassols, fait voter un amendement à la Constitution précisant que l'enseignement sera socialiste et antireligieux.

De nouveau, en 1935, les catholiques se rebiffent. On parle d'une seconde Christiade même s'il s'agit d'actions sporadiques plutôt que de guérilla. Ces nouveaux *Cristeros* s'en prennent particulièrement

aux instituteurs laïques, les molestent, leur coupent les oreilles et parfois les mettent à mort.

Heureusement, les temps vont changer. En 1934, Calles fait élire un nouveau président, le général Lázaro Cárdenas

Celui-ci, qui ne manque pas de personnalité, va secouer la férule du *Jefe maximo*. En juin 1935, par un coup de force, Cárdenas s'empare d'un pouvoir qu'il n'exerçait qu'en théorie. Le clan Calles est liquidé sans effusion de sang. Les ministres et gouverneurs les plus proches du dictateur sont renvoyés. Calles lui-même et le gouverneur Canabal sont exilés.

Aussitôt Cárdenas calme les esprits. Sans être, comme Madero, un humaniste, il comprend que le pays est exaspéré par tant de sang versé : un million de morts en vingt-cinq ans, de 1910 à 1935, sur une population d'une quinzaine de millions d'habitants…

Toutes ces photos, ainsi que celle de la femme arborant le drapeau noir des anarchistes (p. 122) ont pour auteur la photographe Tina Modotti. Cette militante italienne se rendit au Mexique dans les années 20 et fut l'amie de David Siqueiros et de Diego Rivera. Elle s'intéressa entre autres à la cause paysanne, illustrée ici par une réunion de paysans dans une bourgade en 1928 (à gauche) et un cortège de paysans en 1929 (ci-dessus).

Aux excès de la seconde Christiade, Cárdenas se garde d'opposer l'escalade de la répression et choisit de restaurer progressivement les libertés religieuses. En 1938, les prêtres peuvent à nouveau célébrer le culte. En 1940, symbole de paix, le successeur de Cárdenas, le général Camacho, est catholique et le proclame. Par ailleurs, il mène une politique progressiste : réforme agraire, nationalisation des pétroles, etc.

Cárdenas est le vrai fondateur du Mexique d'aujourd'hui. Cinquante ans plus tard, les structures qu'il a mises en place lui ont survécu

Le parti au pouvoir – mais qui n'est plus le parti unique – a pris le nom de P.R.I., Parti révolutionnaire

En 1963, se déroule la campagne électorale du candidat du P.R.I., Gustavo Díaz Ordaz, président du Mexique de 1964 à 1970. C'est sous son mandat que se produit la plus grave «bavure» du régime. Réprimant une manifestation d'étudiants à Mexico, sur la place des Trois Cultures, en octobre 1968, l'armée ouvre le feu et fait plus de deux cents morts.

institutionnel, une dénomination symbolique. Les convulsions des années 1910-1935 ont fait place à une longue période de stabilité, rare en Amérique latine. L'armée est restée dans ses casernes. Jusqu'en 1994, la violence politique avait à peu près disparu, mise à part la sanglante répression des manifestations étudiantes de 1968 à Mexico.

Les présidents se sont succédé en observant la règle du mandat unique (porté à six ans). Tous sont membres du P.R.I. Les autres partis sont tolérés, la liberté d'expression respectée, mais les élections faussées par la prééminence du P.R.I. Avec la reprise de l'exploitation du pétrole, les perspectives de décollage économique existent, mais ne suffisent pas à résoudre les problèmes du pays : misère, corruption, démographie galopante, endettement extérieur.

A de multiples indices, il est clair que le règne sans partage du P.R.I. touche à sa fin. Verra-t-on le Mexique replonger dans la violence ou bien le régime évoluer vers une alternance démocratique? La révolte des Indiens du Chiapas, le 1er janvier 1994, constitue une sérieuse alerte. L'insurrection est circonscrite à l'extrême sud du pays, mais n'a pu être étouffée. Le fait que les insurgés se proclament «zapatistes» prouve qu'aux yeux des plus défavorisés le slogan «Terre et Liberté» reste d'actualité et que le fossé qui sépare le peuple des classes dirigeantes est aussi profond qu'il l'était avant la révolution. Même si les chances d'une transition pacifique demeurent, la silhouette des cavaliers de Villa et de Zapata, avec leurs sombreros et leurs cartouchières, continuera longtemps encore à hanter les rêves des Mexicains.

L'actuel président du Mexique, Ernesto Zedillo (en haut), appartient, comme ses prédécesseurs, au P.R.I. et poursuit leur politique après l'adhésion du Mexique à l'ALENA, le marché commun nord-américain. Mais son élection, en août 1994, s'est déroulée sur fond de crise : révolte du Chiapas et assassinat, au mois de mars, de Luis Colosio, premier candidat désigné par le P.R.I. Le «sous-commandant» Marcos (ci-dessus), leader emblématique de l'Armée zapatiste de libération nationale (AZLN) a choisi le 1er janvier 1994, date d'entrée en vigueur de l'ALENA, pour déclencher, à San Cristobal de las Casas, le révolte des Indiens du Chiapas.

TÉMOIGNAGES ET DOCUMENTS

Le temps des illusions,
le temps des combats,
le temps de la confusion.

Les trains de Pancho Villa

Ardent sympathisant de la cause révolutionnaire, l'Américain John Reed suivit en 1914 la campagne de Villa contre Huerta. Il a rapporté les curieux aspects de cette guerre ferroviaire.

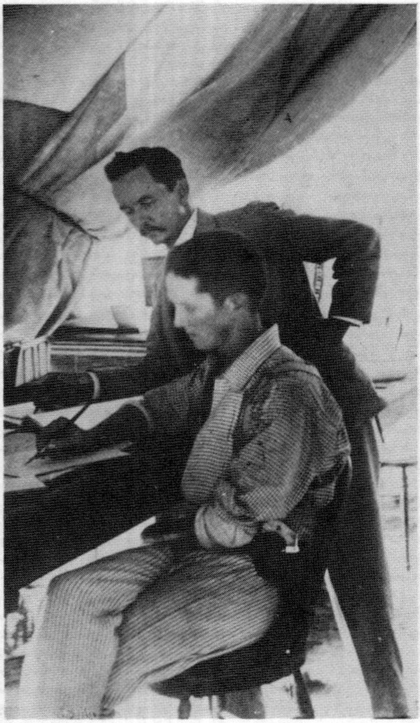

John Reed, assis au premier plan, est surtout connu pour son séjour en Russie et son livre *Dix jours qui ébranlèrent le monde*. Mais il suivit la révolution mexicaine avec un égal enthousiasme. Il est enterré au pied du Kremlin.

Le matin j'allai voir Villa dans son wagon. C'était un wagon rouge avec des rideaux aux fenêtres. Je voyais là le fameux petit wagon dont Villa s'était servi dans toutes ses marches jusqu'à la prise de Ciudad Juarez. Une cloison le séparait en deux parties : l'une pour la cuisine et l'autre pour le logement du général. Ainsi ce petit espace d'environ trois mètres sur sept était le cœur de l'armée constitutionnaliste. Malgré le manque de place pour contenir les réunions des quinze généraux, c'était là que se tenaient tous les conseils d'état-major. [...]

L'intérieur était peint en gris sombre. Sur les parois on pouvait voir des photos d'actrices dans des poses théâtrales, un grand portrait de Carranza, un autre de Fierro et enfin celui de Villa lui-même. Pliés contre la paroi, deux lits doubles aux cadres en bois : dans l'un dormait Villa et le général Angeles, et dans l'autre José Rodriguez et le docteur Raschbaum, médecin particulier de Villa.

– Que voulez-vous, *amigo ?* me demanda Villa ; il s'assit à l'extrémité du lit ; il portait une chemise bleu azur. Les soldats désœuvrés qui l'entouraient me firent une place.

– Je voudrais un cheval, *mi general*...

– *Caray !* Notre ami, ici présent, veut un cheval ! Il sourit d'un air sarcastique et déclencha chez les autres une cascade de rires. Si ça continue comme ça, messieurs les journalistes, vous allez bientôt me demander une auto ! Ecoutez-moi bien, señor journaliste : savez-vous que près d'un millier de mes hommes manquent de chevaux ? Vous avez le train : alors pourquoi donc vouloir un cheval ?

– Parce que de cette manière, je pourrai suivre la marche des premières lignes.

Il sourit :

– Non, il y a trop de balles qui volent aux premières lignes...

Il s'habillait rapidement, tout en parlant et en buvant du café qu'il se versait d'une cafetière sale qu'il avait à côté de lui. Quelqu'un lui donna son épée à poignée d'or. Il la repoussa avec mépris :

– Non. Cette fois c'est une bataille et non un défilé militaire ! Donnez-moi mon fusil !

Debout dans l'embrasure de la porte de son wagon, il contempla pensivement un moment les longues files de cavaliers, pittoresques avec leurs

Comme les révolutionnaires, les soldats de l'armée régulière (ci-dessous, photo prise dans une gare en 1914) se déplaçaient avec toute leur famille.

cartouchières croisées et leurs équipements hétéroclites.

Il donna ensuite rapidement une série d'ordres puis monta sur un magnifique étalon.

– *Vamonos !* cria Villa. Les trompettes sonnèrent, et un cliquetis sec d'argent entrechoqué se répercuta tandis que les compagnies se formaient et partaient au trot vers le sud, dans la poussière...

Ce fut ainsi que l'armée disparut. [...]

Nous attendions impatiemment, fiévreusement de pouvoir partir. A la tombée de la nuit, le señor Calzada annonça que le train des réparations partirait dans une heure. Je pris aussitôt une couverture et marchai plus d'un kilomètre le long de la file de wagons pour pouvoir y monter.

Le premier wagon du train était un wagon plateforme que l'on avait revêtu d'un blindage d'acier : on y avait monté le fameux canon constitutionnaliste *El Niño* (l'enfant) et placé à l'arrière un coffre ouvert rempli d'obus. Venaient ensuite un wagon blindé bondé de soldats, puis un wagon

I. M.

chargé de rails neufs, et enfin quatre autres remplis de traverses de chemin de fer. Ce n'est qu'après cette succession de wagons que venait la locomotive dont le chauffeur et le mécanicien étaient couverts de cartouchières et gardaient le fusil à la main... Après la locomotive il y avait encore deux ou trois wagons de marchandises pleins de soldats et de leurs femmes. L'aventure s'avérait dangereuse. Nous savions qu'une importante force de fédéraux tenait Mapimi, et que des patrouilles parcouraient toute la région. [...]

Que l'ennemi arrive à s'emparer du train de réparations et à le détruire, et toute l'armée se retrouverait coupée de tout, sans eau, sans nourriture et sans munitions. [...]

Je montai debout sur le toit du wagon blindé, dont la marche lente n'empêchait pas les oscillations. A l'avant, prêts à crier vers l'autre extrémité, se tenaient deux hommes avec des lanternes : ils inspectaient chaque mètre de la voie, cherchant la trace de fils qui pourraient indiquer la présence de mines destinées à nous faire sauter. En bas, sous mes pieds, les soldats et leurs femmes étaient en train de manger autour de foyers installés à même le plancher du wagon. Des meurtrières des wagons s'échappaient des nuages de fumée et des éclats de rires... Plus loin, sur le toit des wagons, il y avait d'autres feux, autour desquels se réchauffait tout un monde déguenillé. Dans le ciel sans nuage, les étoiles brillaient de tous leurs feux. Il faisait froid.

John Reed,
Le Mexique insurgé,
Traduit par Louis Constant,
Maspéro

CHICAGO
OUTER
BELTLINE
CB&Q
93206

La révolution dans l'imagerie populaire

En Amérique comme en Europe, la gravure sur bois avait connu une grande vogue au XIXᵉ siècle, servant à illustrer les ancêtres de nos journaux à sensation (que l'on appelait en France les « canards »). Simples à réaliser, ces images grossières mais pleines de charme véhiculaient tous les événements suscitant l'émotion populaire.

Les techniques modernes de communication s'étant introduites tardivement au Mexique, la gravure sur bois y avait encore un public fidèle au début du XXᵉ siècle.

De tous les artistes – ou artisans – qui s'illustrèrent dans ce domaine, José Guadalupe Posada (1852-1913) fut le plus connu. Pendant quarante ans, il vendit à ses lecteurs tout ce qui pouvait les passionner : crimes célèbres, exécutions capitales, catastrophes, accidents, miracles, scènes édifiantes, événements insolites.

Mort en 1913, Posada ne put « couvrir » que les premières années de la révolution. Mais son talent y trouva un second souffle.

Dans cette fresque de Diego Rivera, *Rêve d'un dimanche après-midi au parc de l'Alameda* (à droite), le peintre s'est représenté lui-même en petit garçon, tenant par la main la *calavera.* On reconnaît derrière Rivera, sa femme le peintre Frida Kahlo et, à droite, tenant l'autre main de la *calavera*, Posada.

Comme tout bon Mexicain, Posada a un goût un peu morbide de la mort et des squelettes. Le thème de la *calavera* (tête de mort) est omniprésent dans son œuvre.

Madero vu par Posada. Il est clair que l'artiste éprouve pour Francisco Madero une sorte de dévotion que le graphisme traduit à sa manière.

Genovevo de la O est le type même de guerrier révolutionnaire, zapatiste de la première heure.

Curieusement, Posada n'a pas été tenté par les exploits de Pancho Villa. En revanche, Zapata et les zapatistes reviennent dans nombre de ses gravures.

Combat entre soldats fédéraux et cavaliers zapatistes.

Le peloton d'exécution.

Visiblement, les sympathies de Posada n'allaient pas vers le régime de Diaz. Dès 1892 il montre la brutale répression d'une manifestation « antiréélectionniste ».

Calavera huertista. Cette vision macabre du général Huerta est le plus souvent attribuée à Posada, sans qu'on ait la preuve qu'elle soit de sa main.

Revolucionario muerto. Cette « mort d'un révolutionnaire » est une des plus célèbres gravures de Posada.

Le massacre des « colorados »

L'écrivain mexicain Martin Luis Guzman a été comme bien d'autres fasciné par Pancho Villa. Ce qui ne l'a pas empêché de décrire sans complaisance les excès commis par ses partisans et notamment par son plus sanguinaire compagnon, Rodolfo Fierro.

A Fierro, son ami de toujours (ci-dessous au premier plan), Villa pardonnait des exactions sanglantes qu'il ne tolérait pas de ses autres généraux. En haut, de gauche à droite, Fierro, Trinidad Rodriguez et Pancho Villa.

Il arriva au corral où on avait enfermé, comme du bétail, les trois cents prisonniers condamnés à mort et il s'arrêta un moment pour les regarder par-dessus la palissade. Vus de là, les trois cent huertistes auraient pu passer pour autant de révolutionnaires. Ils étaient de la fine race du Chihuahua : grands, minces, le cou robuste, les épaules bien faites, l'échine vigoureuse et souple. Fierro, d'un seul coup d'œil, considéra la petite armée prisonnière, en apprécia la valeur militaire et éprouva une sensation étrange, comme un frémissement qui lui descendait du cœur – ou du front – jusqu'à l'index de la main droite, Sans le vouloir, sans même s'en apercevoir, il posa la paume de la main sur la crosse de son revolver. Il pensa : « Une vraie bataille. » [...]

L'ordonnance étendit sa couverture par terre et se mit à y vider les boîtes de cartouches que Fierro venait de lui donner. Puis il se mit en devoir d'extraire un à un les projectiles de ses cartouchières. Il se hâtait tellement qu'il perdait du temps. Il était nerveux. Ses doigts s'embrouillaient.

Cependant des cavaliers de la garde apparurent derrière la palissade de la deuxième enceinte. Le haut de leur buste dépassait. D'autres vinrent se répartir derrière les autres palissades.

Dans la première enceinte il n'y avait que Fierro et son ordonnance. Fierro avec son revolver à la main, le sarape tombé à ses pieds et l'ordonnance accroupi qui alignait sur sa couverture les rangées de cartouches.

Le chef du détachement entra à cheval par la porte qui communiquait avec la deuxième enceinte et dit :

– Les dix premiers prisonniers sont prêts. Je te les envoie ?

Fierro répondit :

– Oui, mais d'abord mets-les bien au

courant : dès qu'ils apparaîtront à la porte je leur tirerai dessus. Ceux qui pourront atteindre la clôture et la sauter seront libres. S'il y en a un qui ne veut pas entrer, tu le descends.

L'officier s'en retourna par où il était venu et Fierro, revolver en main, tendu, fixa son regard sur l'étroit passage par où les prisonniers allaient apparaître. Il s'était placé de telle sorte que les balles ne puissent pas atteindre les rouges qui se trouveraient encore dans la deuxième cour : il voulait tenir loyalement sa parole. Mais sitôt entrés, les prisonniers apercevraient le revolver qui les menacerait à vingt pas. Derrière Fierro le soleil couchant transformait le ciel en un vitrail rouge. Le vent soufflait toujours.

Quand ils entrèrent dans son champ de vision, Fierro les salua d'une phrase étrange, à la fois aimable et cruelle, ironique et encourageante.

– En avant les enfants : je suis tout seul et je tire mal !

Ils sautaient comme des chèvres. Le premier voulut se jeter sur Fierro mais il n'avait pas fait trois enjambées qu'il tomba, criblé de balles par les soldats disposés le long de la clôture. Les autres se précipitèrent vers la palissade ; course folle qui leur semblait irréelle comme une course de rêve. Apercevant le puits, l'un d'eux voulut se réfugier derrière la margelle : Fierro l'abattit le premier. Les autres tombèrent l'un après l'autre – Fierro tira huit fois en moins de six secondes ; le dernier s'effondra en touchant du doigt les briques crues qui, en l'occurrence, séparaient la région de la vie de celle de la mort. Quelques corps remuaient encore ; les soldats, de leur poste, les achevèrent.

Puis vint un autre groupe de dix, un autre, un autre. Les trois revolvers de Fierro – les deux siens et celui de son ordonnance – se succédaient dans la main homicide avec un rythme implacable. Chaque arme crachait six fois – six fois sans viser, au jugé – et retombait sur la couverture. L'ordonnance faisait sauter les douilles et mettait des cartouches neuves. Puis, sans changer de posture, tendait le revolver à Fierro qui le prenait au moment même où il lâchait l'autre. Les doigts de l'ordonnance touchaient les balles qui, quelques secondes plus tard, ôteraient la vie aux prisonniers ; mais le soldat ne levait pas les yeux pour regarder ceux qui tombaient : tout son être semblait se concentrer sur le revolver qu'il tenait entre ses mains et sur les cartouches, or et argent, éparpillées sur le sol. Deux sensations l'occupaient tout entier : la pesanteur froide des balles qu'il glissait dans le barillet et le contact lisse et chaud de l'arme. Au-dessus de sa tête passaient les balles de son chef se livrant aux délices du tir à la cible.

Cette fuite angoissée des prisonniers vers la clôture salvatrice – fuite devant la mort, dans un concert où la passion de tuer et la soif de vivre luttaient entre elles comme des éléments – dura près de deux heures, irréelle, implacable. Fierro ne se départit pas un instant de son sang-froid ni de sa sérénité. Il tirait sur des cibles mouvantes et humaines, des cibles qui bondissaient et s'effondraient entre les flaques de sang et les cadavres en des positions invraisemblables, mais il tirait sans autre souci que celui de faire mouche. Il calculait même la déviation de la trajectoire par le vent et corrigeait le tir d'une décharge à l'autre.

Certains prisonniers, terrorisés, tombaient à genoux sitôt la porte franchie : une balle les pliait en deux. D'autres se lançaient dans une danse grotesque derrière la margelle du puits, jusqu'au moment où une balle les délivrait de leur frénésie ou les envoyait basculer dans le trou. Presque tous se précipitaient vers le mur de torchis et tentaient de l'escalader en grimpant sur les tas de cadavres emmêlés, encore chauds, humides, fumants : une balle les paralysait. Quelques-uns parvenaient à planter les ongles dans le faîte de paille et de terre mais leurs mains, agitées par une envie terrible de vivre, se muaient soudain en mains moribondes.

Le dernier groupe de prisonniers ne fut pas de dix mais de douze, tous sortirent en se bousculant, chacun cherchant à s'abriter derrière les autres ; c'était à qui serait le premier dans l'horrible course. Pour avancer, ils bondissaient par-dessus les monceaux de cadavres mais ils n'évitaient pas pour autant les balles qui, avec une précision sinistre, les atteignaient l'un après l'autre et les jetaient à terre à mi-chemin du mur de clôture – bras et jambes écartés – sur leurs frères immobiles. L'un d'eux pourtant, le dernier à rester en vie, réussit à atteindre la clôture et à sauter... La fusillade cessa tout d'un coup et les soldats se massèrent dans l'angle du

deuxième corral pour regarder le fugitif.

Le soir tombait. Les yeux des soldats tardèrent à s'adapter à la nouvelle lumière. D'abord ils ne virent rien. Puis, au loin, dans l'immensité de la plaine déjà obscure, ils distinguèrent un point mobile : l'homme qui courait. Il courait si bien en avant que par moment on aurait cru qu'il volait au ras du sol.

Un soldat leva sa carabine pour tirer :

– On y voit mal, dit-il.

La détonation se perdit dans le vent du crépuscule. Le point noir continua à courir.

Martin Luis Guzman,
L'Aigle et le serpent,
Traduit par J.-F. Reille

Les guérilleros et le Yankee

En 1914, Jack London, devenu correspondant de guerre pour l'hebdomadaire « Collier's » accompagne à Veracruz le contingent de « Marines » envoyé par le président Wilson. Il fera des révolutionnaires mexicains un portrait peu flatteur.

Jack London (1876-1916).

Je n'avais encore jamais rencontré un groupe de guerriers aussi étourdis et insouciants ainsi que pourvus d'excellentes provisions et d'alcools ! Chacun d'entre eux était monté et chaque cheval avait évidemment été volé, portant les marques au fer rouge de l'hacienda ou du ranch auquel il avait appartenu : ça allait du Rio Grande à Panuco ! On voyait quelques hommes grisonnants mais presque tous étaient des jeunes. Je dirais même de très jeunes puisqu'il y avait parmi eux des garçons de dix, onze et douze ans avec des éperons superbes et disproportionnés par leur énormité. Ils enfourchaient fièrement leurs chevaux non dressés, portant des images de saints dans leur sombrero, des dagues prises à des soldats tués et des couteaux-poignards enfilés dans leurs guêtres, pistolets et revolvers à la hanche, la ceinture et les épaules déformées par des bandoulières de cartouches qui leur servaient à la fois de ceinture et de colliers ; quant à l'inévitable fusil, il était accroché au pommeau de la selle.

Parmi eux se trouvaient des femmes, toutes de jeunes femmes, amazones et *soldaderas*, les unes en jupe et montant à cheval en amazone et les autres en pantalon et enfourchant leur monture ; mais toutes étaient diablement armées. Et croyez-moi, quand une *soldadera* s'approche, je n'aimerais pas être un poulet égaré sur son chemin ni un ennemi blessé gisant sur le champ de bataille.

Traversant le Panuco sur un bateau à font plat pour gagner la rive sud, j'essayai de prendre une photo d'une farouche *soldadera* en jupe. Mais je n'y parvins pas jusqu'à ce que je gagne les faveurs du lieutenant-colonel en actionnant le déclic de mon appareil et en faisant ainsi semblant de le prendre lui et ses officiers. Ils furent tellement ravis qu'ils m'offrirent tout ce qu'ils possédaient et l'ordre fut intimé à la *soldadera* de faire face à l'appareil. Le fier colonel interrompit même la séance pour la décorer de sa propre ceinture de cartouches, de son couteau et de son revolver. Elle était jeune, forte, sans corset, avec une robe de coton et se trouvait avec les révolutionnaires depuis deux ans , m'apprit-on. Elle venait de loin dans le nord du pays et son seul objectif était d'entrer un jour dans Mexico.

Après avoir mis le pied sur la rive sud, j'essayai encore de prendre deux ou trois rebelles sur la pellicule mais j'eus alors à souffrir de l'embarras des riches. Tous les soldats se groupèrent au premier plan – il y en avait bien un millier – et mon objectif n'était pas d'assez grand angulaire pour les prendre tous à la fois. En deux temps et trois mouvements, ils adoptèrent les attitudes les plus sanguinaires et je m'en tirai en faisant semblant de les photographier, le film tournant à vide sur place et j'appuyai consciencieusement sur le déclencheur. Ils étaient fiers comme des paons, aussi émotifs et naïfs que des enfants. Juste au moment où je faisais semblant et appuyai sur le déclic pour soi-disant prendre une longue rangée de cavaliers, l'un d'eux trop rempli de vaillance et de feu déchargea accidentellement son

« Et croyez-moi, quand une *soldadera* s'approche, je n'aimerais pas être un poulet égaré sur son chemin ni un ennemi blessé gisant sur le champ de bataille. »

Débarquement des *Marines* américains à Veracruz : dessin de L. A. Shafer, paru dans le *Collier's* du 9 mai, le magazine dans lequel écrivait Jack London.

Outre ses fresques, José Clemente Orozco a laissé de nombreuses caricatures. Ci-dessus, il est sans complaisance pour les soldats américains.

fusil. Ses compagnons se moquèrent de lui mais ses officiers ne froncèrent même pas les sourcils : c'était là une chose vraiment trop habituelle. Ces rebelles étaient des chahuteurs se conduisant comme des fous, lesquels avaient échangé la monotonie de la journée de travail pour un long, très long pique-nique de plusieurs années. Ce pique-nique était ce qu'il était, avec un cheval à conduire, un peso et demi par jour, de la bonne nourriture, quelque chance de pouvoir piller et, mieux que tout cela encore, la possibilité de tuer un homme, ce qui, en fin de compte est le jeu le plus exaltant de tous : aller à la chasse de son semblable.

Sous les feux du soleil couchant, ces hommes, ces femmes et ces bien jeunes gens mirent leurs chevaux en une file ondulante et disparurent vers le sud, sur la route de Mexico, pleins d'espoir de rattraper quelques-uns de ces diables de Fédéraux à la traîne derrière l'armée en déroute de Zaragoza, les infortunés !

Jack London,
Le Mexique puni,
Traduit par Charles-Noël Martin

Une armée pittoresque

Le romancier espagnol Vicente Blasco Ibañez, l'auteur d'« Arènes sanglantes », visite le Mexique en 1920. Il en rapporte une peinture au vitriol des généraux mexicains.

Blasco Ibañez reçu par Carranza au château de Chapultepec : qui penserait que le digne président « portait sous sa jaquette noire de coupe sévère un gros pistolet et tout son arsenal de cartouches » ?

Le militarisme mexicain n'a d'autre origine que le désordre et l'anarchie : c'est un fruit de l'audace née en pleine insurrection [...] et les seuls hauts faits de son histoire sont les assassinats de Mexicains, la destruction de villages paisibles et celle des chemins de fer nationaux ; ont est encore à se demander ce qu'il serait capable de faire, par suite de son incapacité intellectuelle et professionnelle, s'il avait à défendre quelque jour le pays d'une agression étrangère. [...]

Les généraux mexicains créent de temps à autre quelque empereur républicain, à l'image de leurs désirs et de leurs ambitions ; hier, Carranza, « le chef suprême », le « maître respecté », qu'ils se réservent du reste le droit de « suicider » ; aujourd'hui, Obregón, le chef familier qui les flatte ; demain, Calles ou n'importe quel autre qui promettra toujours ce que ses prédécesseurs n'auront pu donner, parce que les ressources de la nation ne sont pas inépuisables, et qu'elles seront toujours moindres que les appétits de leur ambition effrénée. [...]

Il y a des généraux créés par Carranza, des généraux faits par Villa, des généraux fabriqués par Zapata, des généraux de Félix Diaz, qui n'attendent qu'une occasion pour essayer de remplacer ceux d'Obregón favorisés par le sort des armes.

Qui n'est pas général là-bas ? Durant mon séjour à Mexico, quand je rencontrais par hasard un simple colonel, ses galons ne m'inspiraient que du mépris. Qui pouvait-il bien être, pensais-je, celui-là qui n'avait même pas pu arriver général de brigade ? [...]

Dans le vieux monde, le général est fier de son épée et ne jure que sur elle. Le général mexicain improvisé par la révolution ignore ce qu'est une épée. Il n'en a jamais porté. Il ne connaît d'autre arme que le revolver, et s'il lui faut donner sa parole d'honneur, il dira tout naturellement : « Je le jure sur mon pistolet. »

Généraux et colonels sont en grande majorité jeunes, scandaleusement jeunes, et conservent en grande partie leur agressivité et leur espièglerie belliqueuse des temps de l'école primaire. Sous Porfirio Diaz, ils n'étaient que de simples petits employés, de pauvres ouvriers ; têtes plus ou moins folles, ils s'enrôlèrent dans les bandes révolutionnaires et réussirent à obtenir le petit aigle doré, insigne de leur grade. [...]

Tous ces généraux s'enorgueillissent de leur humble extraction ; ils la rappellent comme un titre de noblesse ; ils sont socialistes et beaucoup veulent se donner des allures de bolcheviks. Mais que les « camarades » moins gradés ne s'avisent pas de plaisanter avec eux ou de s'insurger contre leur autorité ; le « citoyen général » n'hésite pas alors à faire procéder à une centaine d'exécutions sommaires pour rétablir la discipline la plus absolue.

Presque tous ont l'uniforme en horreur. Beaucoup n'en ont jamais possédé. Ils portent comme unique insigne distinctif de leur grade un aigle doré accroché à la boutonnière ou sur leur énorme chapeau de feutre, et c'est tout.

J'oubliais un autre attribut, et pourtant le plus important : le revolver. [...] Quand, dans les rues de Mexico, on croise un monsieur dont le gilet entrebâillé laisse voir le ceinturon et les cartouches, il n'y a aucun doute : cet homme est un général ou un colonel de la révolution qui promène son revolver.

Et quelles armes, mon Dieu !... Qui n'a pas vu les revolvers des guerriers mexicains n'a rien vu. Tout ce qu'a pu inventer l'imagination en délire d'un armurier d'Outre-Rhin se rencontre au Mexique : revolvers-mitrailleuses, revolvers qui, instantanément, se transforment en carabines, revolvers avec calibres d'artillerie et projectiles explosifs... [...]

Les disputes entre personnes aussi formidablement armées sont à toute heure périlleuses et pour elles et pour le public. Tantôt c'est un général qui en tue un autre, en plein midi, dans une confiserie de l'avenue la plus fréquentée de la capitale, et que personne n'a même l'idée de poursuivre ; tantôt c'en sont deux qui se mitraillent au milieu d'une des principales promenades et qui ne cessent leur amusement qu'après complet épuisement de leurs munitions : l'affaire d'une demi-heure... De temps à autre, ces duels nouveau genre entraînent des conséquences désastreuses... presque toujours la mort de quelque infortuné et inoffensif passant, qui n'a pas eu l'esprit de fuir dès qu'il a vu que deux généraux venaient de se regarder de travers.

L'impartialité m'oblige à avouer que les généraux ne sont pas seuls à porter des revolvers dans les rues de Mexico. Presque tous, là-bas, considèrent cet ornement comme un complément indispensable de leur toilette. [...]

Jusqu'à Carranza, le Président de la République, qui portait sous sa jaquette noire de coupe sévère, un gros pistolet et tout son arsenal de cartouches. Pauvre don Venustiano... Il connaissait bien son époque et ses gens ! [...]

Au Mexique, on m'a narré une anecdote amusante sur un fait qui se produisit aux premiers temps de sa présidence, alors qu'il venait d'entrer en vainqueur dans la capitale.

Un représentant diplomatique qui s'en vint le saluer au palais présidentiel laissa dans la cour d'honneur une splendide automobile américaine qu'il venait d'acheter.

Sa visite terminée, le diplomate en question chercha en vain son flambant véhicule. Les soldats de l'escorte présidentielle eurent tôt fait de le sortir du doute : un des plus fidèles généraux de Carranza et l'un des plus à craindre était monté dans la voiture en donnant des ordres au chauffeur.

Croyant à une méprise involontaire, le diplomate porta le fait à la connaissance du président, et celui-ci envoya immédiatement un de ses aides de camp à la recherche du général, qui vivait dans une caserne des environs de la capitale. [...]

– Dites au vieux, répondit le rustique général, que l'automobile me plaît et que je la garde. C'est pour cela que nous avons fait la révolution et qu'on l'a nommé président. Et puis, dites-lui aussi que s'il n'est pas content, il n'a qu'à venir en personne chercher la voiture, et je saurai bien le recevoir à coups de fusil.

Don Venustiano, qui est un homme impulsif, éclata de colère , ne parla rien moins que d'aller sur-le-champ, en personne, exiger la reddition de l'automobile. Mais aussitôt, il caressa de la main sa barbe blanche et soyeuse et songea qu'il était Président de la République. Aussi donna-t-il l'ordre d'acheter une autre automobile semblable à la première et de la remettre au diplomate...

Dans le même ouvrage, Blasco Ibañez décrit le rôle et la vie quotidienne des « soldaderas ».

Les « soldaderas », surnommées également « galletas » (galettes), sont d'une fidélité inébranlable envers leur homme, mais elles n'hésitent pas à s'unir à un autre quand le précédent est mort ou qu'en vie, il les répudie. Que peut faire dans ce monde la pauvre « soldadera » sans un soldat ? Ni l'amour ni la beauté n'influent dans ces sortes d'unions. Ce que l'on apprécie dans la femme, c'est son habileté à trouver les provisions et à les préparer, sa résistance au travail et à la fatigue. Les morts lèguent leurs compagnes à leurs camarades vivants. [...]

C'est pendant la guerre, en rase campagne, que la « soldadera » donne des preuves évidentes de toute son abnégation, de tout son pouvoir de résistance. Nombreux sont les chefs mexicains qui ont tenté de la supprimer, mais toujours ils ont fini par transiger avec elle et par chercher même son appui. Car comment assurer les services administratifs et sanitaires, qui n'existent pas : comment renouveler les approvisionnements en vivres et en munitions : comment soigner les soldats... si l'on n'avait sous la main la vaillante « soldadera » ? C'est elle qui assure les services de l'intendance et des hôpitaux de campagne, inexistants dans l'armée mexicaine ; elle porte non seulement secours à son compagnon blessé, mais elle soigne également le chef.

Pendant la marche, les « soldaderas » vont en avant-garde ; elles précèdent la troupe de plusieurs kilomètres pour que « l'homme » en arrivant à l'étape trouve les feux allumés et le repas préparé. Hameaux et villages redoutent plus que les soldats eux-mêmes les « soldaderas ». Bien que le soldat mexicain ne professe pas grand respect pour la vie et les biens d'autrui, sa compagne le dépasse de beaucoup dans l'art du pillage en règle.

Les « soldaderas » infatigables cheminent des journées entières, un enfant à chaque main, un autre invisible qui attend l'occasion de naître à la face du ciel ; et comme si ce n'était pas assez, toutes portent sur la tête le ballot des couvertures enroulées, que surmonte la plupart du temps un perroquet multicolore. Et ces femmes, qui semblent si embarrassées de tous ces impedimenta encombrants, sont beaucoup plus à craindre que leurs compagnons. Par où elles passent, il ne reste plus un fruit sur les arbres, plus un légume dans les jardins, plus un poulet dans les basses-cours, plus un porc dans son étable. Elles s'emparent de tout et le poussent devant elles, ne laissant derrière qu'une terre aussi déserte que les régions ravagées par les passages de sauterelles.

Dans les pays désertiques où tout autre mourrait de faim, la « soldadera » trouve de quoi manger. Dans les villages pillés sept fois en une semaine, elle réalise le huitième pillage, et toujours elle finit par trouver ce qu'il lui faut.

Parfois, en devançant ainsi les hommes, il arrive qu'elles se trouvent soudain en présence des « soldaderas » du parti adverse. Si les deux groupes de femmes sont rassasiés, si un pillage récent leur a permis de satisfaire leurs plus pressantes nécessités, alors toutes, en proie à la plus noble haine patriotique ou politique, se précipitent les unes sur les autres, et, pendant des heures, on peut les voir, secondées de leurs enfants, se battre à coups de pierres ou de gourdins. Ce combat homérique ne cesse que par l'arrivée à bonne portée de fusil des hommes qui se mettent en devoir de remplacer sur le champ de bataille les « soldaderas ».

Mais il en va tout autrement si les « soldaderas » de l'un ou de l'autre camp manquent de vivres : il s'établit alors entre les deux groupes de fraternels échanges. Il faut bien vivre, n'est-ce pas ? Il ne sera pas dit que toute son existence, il faudra se battre entre chrétiens ?... Celles qui n'ont pas de vivres donnent en échange de l'argent à celles qui peuvent les réapprovisionner. Mais, parfois aussi, en ces moments critiques, et dans ces déserts, l'argent ne représente aucune valeur. Ce que réclament les ravitailleuses bénévoles, ce sont des cartouches. Leurs hommes manquent de munitions et ceux qui défendent le gouvernement en ont en abondance. Et la « soldadera » rebrousse chemin pour aller des kilomètres durant à la recherche de son homme.

– Elles ne veulent pas d'argent. Elles ne donneront les vivres qu'en échange de cartouches !

Lui n'est pas du tout surpris de ce nouvel aspect de la question. Dans la situation contraire, n'agirait-il pas de même ?

– Prends, dit-il.

Et il remet à la femme une poignée de cartouches, dont l'une peut-être causera sous peu sa mort.

La Révolution mexicaine et la dictature militaire, traduit par Louis Fonges, Vuibert 1923

Calavera préparant des tortillas, de Posada.

Le prêtre et le lieutenant

En 1938, Graham Greene visite au Mexique le Tabasco, « L'Etat sans dieu », et en rapporte en 1940 son roman « la puissance et la gloire ». Le personnage central, ivrogne et pécheur, mais prêtre en dépit de ses fautes, a été arrêté. Promis à la mort, il fait face au lieutenant.

Graham Greene, lors de son voyage au Mexique.

La pluie tombait en torrents ininterrompus. Ils attendirent en silence. Tout à coup, le lieutenant s'écria :

– Otez vos mains de vos poches !

– Je cherchais un jeu de cartes, c'est tout. Je pensais que, pour nous aider à passer le temps...

– Je ne joue pas aux cartes, dit le lieutenant d'un ton cassant.

– Non, non. Ce n'est pas pour jouer. Je voulais vous montrer quelques tours. Me le permettez-vous ?

– Allez-y, si ça vous amuse. [...]

– Voici un tour, dit le prêtre, qui s'appelle le « Valet en fuite ». Je divise le jeu en trois tas. Comme ceci. Et je mets le valet de cœur dans le tas central. Comme ceci. Maintenant je tape du doigt les trois tas.

Son visage s'éclairait à mesure qu'il parlait ; il y avait si longtemps qu'il n'avait touché de cartes : il en oubliait l'orage, le mort et le visage hostile, obstinément fermé qui était en face de lui : « Je dis : Enfuis-toi, valet – il coupa le tas de gauche et découvrit le valet – et le voici ».

– Naturellement, il y a deux valets.

– Vérifiez vous même.

A contrecœur, le lieutenant se pencha en avant et examina le tas du centre.

– Je suppose, dit-il, que vous présentez ceci aux Indiens comme un miracle de Dieu.

– Oh ! mais non, rétorqua le prêtre en riant. C'est un Indien qui me l'a enseigné. C'était l'homme le plus riche du village. Étonnez-vous ! Avec des doigts de cette adresse. Non, non, ce sont les tours que je faisais autrefois pendant les fêtes que nous donnions dans la paroisse, au bénéfice des confréries, vous voyez ce que je veux dire ?

Une expression de dégoût physique passa sur les traits du lieutenant.

– Je me rappelle ces confréries, dit-il.

– Quand vous étiez petit ?

– J'étais assez grand pour en voir...

– Quoi ?

– La supercherie.

Il fit brusquement explosion, furieux, une main sur son revolver comme si l'idée lui était venue que mieux valait se débarrasser incontinent et pour toujours de cette vermine.

– Quel bon prétexte c'était ! Quelle comédie ! Vendre ses biens et tout donner aux pauvres, telle est la leçon, n'est-ce pas ? Et la señora Untel, la femme du droguiste, décrétait que telle famille ne méritait pas vraiment qu'on lui fît la charité, et le señor Machin ou Chose, que si ces gens mouraient de faim, ils n'avaient que ce qu'ils méritaient ; car ils étaient socialistes, par-dessus le marché... Alors le prêtre – vous – le prêtre prenait bonne note des villageois qui avaient fait leurs Pâques et remis leur offrande pascale.

Il avait élevé la voix : un gendarme inquiet passa la tête par la porte de la hutte pour savoir ce qui se passait, puis se retira sous les déluges de pluie.

– L'Église était pauvre, le prêtre était pauvre, par conséquent chacun devait vendre ce qu'il possédait et tout donner à l'Église.

– Comme vous avez raison ! dit le prêtre, qui ajouta vivement : « Et comme vous avez tort aussi, bien sûr. »

– Que voulez-vous dire ? demanda le lieutenant agressivement. Raison ? N'êtes-vous même pas capable de vous défendre...

Le lieutenant transpirait un peu dans cet air chaud et moite,

– Vous êtes tellement rusés, vous autres, poursuivit-il. Mais, dites-moi un peu : qu'avez-vous jamais fait pour nous, au Mexique ? Avez-vous jamais dit à un propriétaire terrien qu'il ne devait pas battre son *peon* ? Oh oui ! je sais, vous le lui dites sans doute dans le confessionnal et votre devoir, n'est-il pas vrai, est de l'oublier immédiatement. Vous sortez de là et vous dînez avec ledit propriétaire et votre devoir est d'ignorer qu'il a massacré des paysans. On n'en parle plus : il a abandonné cette bagatelle dans votre boîte, à l'église.

– Continuez, lui dit le prêtre.

– Eh bien, ! nous aussi ! nous avons nos idées, disait le lieutenant. Plus d'argent pour dire des prières, plus d'argent pour construire des édifices où l'on dit des prières. Au lieu de cela nous donnerons à manger au peuple, nous lui apprendrons à lire, nous lui donnerons des livres. Nous veillerons à ce qu'il ne souffre plus.

Sous le titre *The fugitive* (Dieu est mort), John Ford a porté à l'écran en 1947 *La puissance et la gloire*. Avec Henry Fonda dans le rôle du prêtre (ci-dessus), le héros de Graham Greene avait malheureusement perdu beaucoup de son ambiguïté.

– Mais si le peuple aime ses souffrances...

– Un homme peut aimer violer des femmes. Devons-nous le lui permettre parce qu'il en a envie ? Souffrir est un délit.

– Et vous, vous souffrez sans relâche, commenta le prêtre, les yeux fixés sur ce visage plein d'amertume, derrière la flamme de la bougie. Comme tout ce programme sonne bien ! Est-ce que le *jefe* poursuit lè même idéal que vous ?

– Oh ! nous avons nous aussi nos brebis galeuses.

– Et qu'arrivera-t-il ensuite ? Je veux dire quand tout le monde aura assez à manger et pourra lire les bons livres... les livres que vous leur permettez de lire ?

– Rien. La mort est un fait. Nous n'essayons pas de corriger les faits.

– Nous sommes d'accord sur un très grand nombre de points, fit remarquer le prêtre, Nous avons, nous aussi, nos faits que nous n'essayons pas de corriger : par exemple que le monde est plein de souffrance, que chacun, riche ou pauvre, souffre, à moins qu'il ne soit un saint, et que les saints sont rares. Il est vain de se préoccuper ici-bas d'un peu de douleur physique. Il y a au moins une chose dont nous sommes sûrs, vous et moi : c'est que, dans deux cents ans d'ici, nous serons tous morts.

Il maniait les cartes, maladroitement, et les pliait en essayant de les battre, parce que ses mains tremblaient.

– N'empêche qu'en ce moment, vous vous inquiétez pour un peu de douleur physique, dit le lieutenant ? méchamment, en surveillant les doigts du prêtre.

– Ah ! mais moi je ne suis pas un saint, lui répondit-il. Je ne suis même pas un homme brave.

Il releva les yeux avec appréhension :

Prêtre priant avant son exécution. Ci-dessus, le père Pro Juárez, exécuté en 1927.

Caricature anticléricale d'Orozco (en haut, à droite) : « Qu'est-ce que je vous sers, mon père ? Du whisky ou de la tequila ? »

¿Qué le sirvo, padrecito, whisky o tequila?

la lumière revenait, la bougie n'était plus nécessaire. Il ferait bientôt assez clair pour entreprendre le long voyage de retour. Il avait grande envie de continuer à causer avec le lieutenant pour retarder, ne fût-ce que de quelques minutes, le moment du départ.

– Il y a entre nous une autre différence, dit-il. Il est vain de travailler pour le but que vous poursuivez à moins d'être vous-même honnête et bon. Or votre parti ne se composera pas toujours d'hommes honnêtes et bons. Alors vous verrez revenir les famines d'autrefois, les mauvais traitements, les fortunes acquises par tous les moyens. Tandis que le fait que je sois un lâche... et tout le reste... n'a pas tellement d'importance. Je peux malgré cela mettre Dieu dans la bouche d'un fidèle, et je peux lui donner l'absolution de Dieu. Et que tous les prêtres soient semblables à moi n'y changerait rien du tout.

Graham Greene,
La Puissance et la Gloire,
Traduit par Marcelle Sibon,
Robert Laffont

Hollywood franchit le rio Grande

Très vite, la révolution mexicaine attira les cinéastes. Griffith fut un des premiers à s'y intéresser et envoya sur place le jeune Raoul Walsh qui put réaliser le film « Life of Villa ». Dans ses mémoires, il évoqua sa rencontre avec le chef de la Division du Nord.

Le camp de Villa, très étendu, ne ressemblait en rien aux camps militaires que j'avais vus du côté américain. Il n'y avait pas de tentes. Tout le monde était étendu sur des couvertures et des sarapes et pas un soldat ne portait d'uniforme. Un grand sombrero, un pantalon de coton sale, une chemise, une cartouchière en bandoulière et un fusil étaient tout ce qui les distinguait des colporteurs et des marchands ambulants d'*enchilada*. Certains marchaient pieds nus, et il y avait beaucoup de femmes parmi eux.

Quand les soldats virent qu'Ortega m'accompagnait, ils ne se préoccupèrent plus de moi. Nous traversâmes le camp à pied jusqu'à la maison en *adobe* de Villa. Nous l'y trouvâmes en train de parler à deux aides de camp aux moustaches redoutables, et consultant des cartes étalées sur une table. Je le reconnus tout de suite d'après la photo sur le livre que j'avais lu.

Il leva les yeux quand nous entrâmes, fit un signe de la tête à Ortega et, d'un geste, congédia les deux aides de camp. Ortega me désigna une chaise tandis que le Général s'asseyait. « Asseyez-vous donc. Je vais parler au Général. »

Leur conversation dura longtemps et j'eus tout le loisir d'observer cet homme qui tenait presque tout le nord du Mexique dans sa main calleuse. A cette époque, ses biographes lui donnaient trente-sept ans, mais lui-même n'était pas certain de l'année de sa naissance. C'était un homme massif ; il avait une moustache noire et fournie, un grosse tête, de larges épaules, un corps épais et des yeux qui me firent penser à ceux d'un animal sauvage mis en cage. Il avait cet air redoutable et la couleur de peau que l'on voit aux Indiens. C'était le type même du bandit

Raoul Walsh interpréta lui-même le rôle de Villa jeune dans le film qu'il lui a consacré.

mexicain. En l'entendant cribler Ortega de questions, je compris pourquoi on disait de ses hommes qu'ils le suivraient aveuglément jusqu'à la mort. Il avait l'étoffe d'un meneur d'hommes.

Ortega se redressa et me fit signe. « Approchez-vous, s'il vous plaît ; le Général veut vous regarder de plus près. » Ce fut au tour de Villa de m'examiner des pieds à la tête. Son visage sombre resta impassible, puis son regard s'arrêta sur la sacoche que je tenais à la main. Il regarda ensuite Ortega qui me dit alors : « Le Général veut voir l'argent. »

J'ouvris la sacoche et la posai sur la table. Villa prit une pièce de vingt dollars en or et la retourna entre ses doigts. Puis il la laissa retomber dans le sac qu'il soupesa sans prononcer une parole. Après quoi, Ortega et lui se remirent à conférer.

Jusqu'alors Villa n'avait absolument pas paru tenir compte de ma présence. Il n'avait cherché ni à me serrer la main ni à me signifier d'une manière quelconque qu'il me savait là. Je me félicitai d'avoir eu la bonne idée, avant de quitter Los Angeles, d'enfiler ma chemise de cowboy, ma veste de cuir et mon Stetson aux bords soigneusement relevés ; j'avais le sentiment de cadrer avec le décor. Villa portait assez de fusils sur lui pour nous deux, et deux pistolets à crosse d'argent pendaient lourdement à sa double cartouchière. Ajoutez à cela des bottes et, pour le reste, son aspect ne différait en rien de celui des soldats au-dehors.

Je crus le voir sourire alors que leur conversation s'achevait. Ortega m'invita de nouveau à m'asseoir. « Le Général veut savoir si vous êtes journaliste. Il n'aime pas les journalistes. Je lui ai dit que vous étiez le grand metteur en scène d'Hollywood, venu faire un film sur sa vie. Il voulait juste s'en assurer. »

Il me fallait maintenant présenter mon scénario et attendre sa réaction. Je ne remis pas le texte à Ortega car je n'étais pas certain qu'il sût lire l'anglais. Je préférai le lui raconter.

« Le film sera vu par des milliers de spectateurs aux Etats-Unis et à travers le monde. On y montrera le général

Villa enfant, lorsqu'il vivait avec sa mère et sa sœur près de Hidalgo del Parral. (J'avais pioché cela dans le livre.) Plus tard, il travailla dans un ranch des environs, comme *vaquero*. Mais il était mal payé et quand il entendit parler d'une place à la hacienda des Terrazas, au sud de Chihuahua, il embrassa sa mère et sa sœur et partit à cheval, leur laissant le peu d'argent qu'il possédait. Traduisez ceci au Général et demandez-lui si ça lui plaît. »

Pas un muscle du sombre visage de Villa ne bougea tandis qu'Ortega lui racontait le début de sa vie. A l'évocation, qui devait lui être pénible, de son retour à Parral où il avait trouvé sa mère et sa sœur violées et massacrées par les soldats fédéraux, seul son regard

changea d'expression. Jusque-là, je ne lui avais vu qu'un regard méfiant. A présent ses yeux brillaient et il passa rapidement la langue sur ses lèvres. Il me fit penser à un jaguar s'apprêtant à bondir.

« Continuez », me pressa Ortega.

Je lui résumai la scène où Villa jurait de venger la mort de sa sœur et de sa mère après que le curé de la paroisse lui eut appris ce qui s'était passé. Je lui faisais dire : « Je le jure devant Dieu, je lèverai une armée et j'exterminerai ces assassins. Ensuite, j'irai à cheval à Mexico et je ferai tomber le Gouvernement qui les emploie. »

Tandis que le lieutenant traduisait, Villa, l'air maussade, n'avait pas quitté des yeux la sacoche de pièces d'or. Quand Ortega en vint au passage où il jurait de s'attaquer au Gouvernement, il releva la tête et planta ses yeux dans les miens.

« Ceux qui m'ont envoyé ici l'appellent le libérateur du peuple mexicain, un second Juárez venu rédiger une nouvelle constitution. » Je pensais que j'en remettais un peu, mais il s'avéra que je n'étais pas loin de la vérité ; en effet, trois ans plus tard, une nouvelle constitution était adoptée, bien qu'elle n'eût pas été rédigée par Villa.

Le visage immobile du Général se détendit, il sourit et approuva d'un signe de la tête. « Il veut vous féliciter », me dit Ortega.

Nous nous mîmes tous deux debout et échangeâmes une poignée de main par-dessus les cartes à moitié déroulées. Ortega referma la sacoche et l'emporta dans une autre pièce. A son retour, il se remit à parler avec Villa, puis, se tournant vers moi, me déclara : « Le Général dit qu'il est content que vous fassiez son histoire. Il prendra grand soin de vous, parce que, si vous êtes tué, il n'y aura pas de film et le monde ne le verra pas. »

Raoul Walsh,
Un demi-siècle à Hollywood,
Traduit par Claudine O'Hagan
et Catherine Festy,
Calmann-Lévy

La révolution au bout de la caméra

Violence, soleil, passions, trahisons, tous les ingrédients étaient réunis pour que le cinéma s'intéressât à la révolution mexicaine.

Différents plans de *Que viva Mexico !* d'Eisenstein (ci-dessous et en haut, à droite).

Mais avant que celle-ci ne devienne une légende, elle fut simplement une actualité et c'est à ce titre qu'elle attira les premiers cinéastes. Raoul Walsh a tout juste vingt ans lorsqu'en 1912 il va sur le terrain tourner *Life of Pancho Villa.* C'était une époque où l'on « bidonnait » encore plus volontiers qu'aujourd'hui : Walsh rencontre bien Villa, le filme, mais n'hésite pas à alterner des séquences réelles, prises sur le vif, et des scènes reconstituées. Et quand il veut montrer Villa jeune, c'est lui qui interprète le personnage...

Au début des années 30, c'est au tour de Serge Eisenstein de s'intéresser aux événements encore tout récents du Mexique et de tourner sur place. *Que viva Mexico !*, s'il avait été achevé, eut été le *Potemkine* de la révolution mexicaine. Mais Eisenstein n'a pas plus de chance avec les producteurs américains qu'il n'en aura avec Staline. Le tournage est arrêté et les bandes déjà réalisées sont utilisées en 1933 sous le titre *Tonnerre sur le Mexique.* On a beaucoup critiqué ce montage. Tel quel, il reste – et de loin – le plus beau film sur cette période.

Très vite, l'analyse politique et la force des images laissent place à la simple exploitation commerciale du mythe. Il faut dire que celui-ci s'y prête, d'autant que la révolution mexicaine a un côté « western » : déserts et sierras, chevaux, attaques de trains, revolvers et cartouchières. Malgré un décalage d'un demi-siècle, le Mexique de 1910-1920 reste le petit cousin du Far West de 1860-1870.

Le personnage de Villa est particulièrement mis à contribution. Wallace Beery ouvre la marche en 1934 avec *Viva Villa !* de Jack Conway. Les acteurs mexicains prennent le relais avec Domingo Solar dans *Vamonos con*

Pancho Villa de F. de Fuentes en 1935, Leo Carrillo dans *Pancho Villa vuelve* (Pancho Villa revient) de Contreras Torres en 1949 et surtout Pedro Armendariz dans deux films d'Ismaïl Rodriguez, *Asi era Pancho Villa* en 1957, suivi en 1961 de *Pancho Villa y la Valentina* (sic). Enfin Villa, quoique n'ayant jamais été chauve, s'est vu incarné successivement par Yul Brynner en 1968 dans *Pancho Villa* de Buzz Kulik, et en 1973 par Telly Salavas dans *Pancho Villa* de Gene Martin.

Face à son rival, Zapata fait pauvre figure, ne pouvant guère revendiquer qu'une interprétation, marquante il est vrai, celle de Marlon Brando dans *Viva Zapata !* (1952). Elia Kazan et son scénariste John Steinbeck ont fait un excellent film, mais guère plus conforme que les autres à l'exactitude

Wallace Beery, dans son interprétation de Pancho Villa en 1934 (ci-dessous), contribua à fixer le mythe du soudard à la fois idéaliste et barbare.

Affiche française du film d'Elia Kazan. En haut à droite, Robert Mitchum et Charles Bronson, interprète du rôle de Fierro dans le film de Buzz Kulik. Au centre, scène du film de Sergio Leone *Il était une fois la révolution*. En bas, Brigitte Bardot et Jeanne Moreau dans *Viva Maria* ! de Louis Malle.

historique. Brando-Zapata – sans parler d'Anthony Quinn dans le rôle de son frère Eufemio – est aussi caricatural que Wallace Beery-Villa.

Enfin d'autres cinéastes se sont contentés de plaquer un scénario entièrement imaginaire sur fond de révolution mexicaine. Ils sont ainsi quelques films qui méritent qu'on s'en souvienne, du *Viva Maria !* de Louis Malle (1965) à *Il était une fois la révolution* de Sergio Leone (1971), en passant par *La horde sauvage de* Sam Peckinpah (1969). Simples films d'aventures sans aucune prétention historique, ce ne sont pas les plus mauvais pour autant... On peut même dire de celui de Sergio Leone qu'il

restera une des plus justes évocations de l'époque et de son climat de violence et de guerre civile.

Filmographie

1912 *La vie de Villa*, R. Walsh
1931 *Que viva Mexico !*, S.M. Eisenstein
1934 *Viva Mexico !*, E. Carrasco
1934 *Viva Villa !*, J. Conway
1935 *Vamonos con Pancho Villa*, F. de Fuentes
1935 *El tesoro de Pancho Villa*, A. Boytler
1946 *Enamorada*, E. Fernandez
1947 *Dieu est mort*, J. Ford
1948 *Si Adelita se fuera con otro*, C. Urueta
1949 *Pancho Villa vuelve*, M. Contreras Torres
1950 *Memorias de un Mexicano*, C. Toscano de Moreno Sanchez
1952 *Viva Zapata !*, E. Kazan
1954 *El secreto de Pancho Villa*, R. Baledon
1954 *El tesoro de Pancho Villa*, R. Baledon
1955 *El siete leguas*, R. de Anda
1956 *La tête de Pancho Villa*, C. Urueta
1957 *Las tres pelonas*, R. Cardona
1957 *Asi era Pancho Villa*, I. Rodriguez
1961 *Pancho Villa y la Valentina*, I. Rodriguez
1965 *Viva Maria !*, L. Malle
1968 *A bullet for the general*, D. Damiani
1968 *Pancho Villa*, B. Kulik
1968 *The mercenary*, S. Corbucci
1969 *Viva Max !*, J. Paris
1969 *La horde sauvage*, S. Peckinpah
1970 *Les canons de Cordoba*, P. Wendkos
1970 *The five men army*, D. Taylor
1971 *Il était une fois la révolution*, S. Leone
1973 *Pancho Villa*, G. Martin
1989 *Old Gringo*, L. Puenzo

BIBLIOGRAPHIE

Ouvrages généraux

François Weymuller, *Histoire du Mexique*, P.U.F. 1972.

Leslie Manigat, *L'Amérique latine au XXe siècle*, Richelieu 1973.

Americo Nunes, *Les Révolutions du Mexique*, Flammarion 1975.

Jesús Silva Herzog, *La Révolution mexicaine*, Maspéro 1968 (traduit de l'espagnol).

Jean Meyer, *La Révolution mexicaine*, Calmann-Levy, 1973.

Vicente Blasco Ibañez, *La Révolution mexicaine et la dictature militaire*, Vuibert 1923 (traduit de l'espagnol).

Sur Pancho Villa

John Reed, *Le Mexique insurgé*, Maspéro 1975 (traduit de l'anglais).

Martin Luis Guzman, *L'Aigle et le serpent*, Gallimard 1967 (traduit de l'espagnol).

William Douglas, Lansford *Pancho Villa*, Stock 1965 (traduit de l'anglais).

Jean Camp, *En selle avec Pancho Villa*, Amiot-Dumont 1952.

Earl Shorris, *Les Cavaliers de la colère*, Stock 1983 (traduit de l'anglais).

Sur Zapata

John Womack, *Emiliano Zapata*, Maspéro 1976 (traduit de l'anglais).

Sur le conflit religieux

Jean Meyer, *La Christiade*, Payot 1975.

Jean Meyer, *Apocalypse et révolution au Mexique*, coll. archives, Gallimard-Julliard 1974.

Graham Greene, *Routes sans lois*, La Table ronde 1949 (traduit de l'anglais).

Romans et poésies

Mariano Azuela, *Ceux d'en bas*, Fourcade 1930 (traduit de l'espagnol).

Martin Luis Guzman, *L'Ombre du caudillo*, Gallimard 1931 (traduit de l'espagnol).

Graham Greene, *La Puissance et la gloire*, Robert Laffont 1948 (traduit de l'anglais).

Les Poésies mexicaines (anthologie) Seghers, 1961.

Basta ! Chants et témoignages de révolte de l'Amérique latine, Maspéro 1967.

Léo Malet, *Vengeance à Ciudad de Juárez*, Robert Laffont 1989.

TABLE DES ILLUSTRATIONS

COUVERTURE

OUVERTURE

CHAPITRE I

CHAPITRE II

CHAPITRE III

CHAPITRE IV

CHAPITRE V

CHAPITRE VI

TÉMOIGNAGES ET DOCUMENTS

INDEX

A

B

C

CRÉDITS PHOTOGRAPHIQUES

Aisa, Barcelone 6-7, 75h, 82, 111, 139. Angel-Sirot, Paris 59, 62, 69b. Archives du film, Bois d'Arcy 167. Archivo Casasola, INAH, Mexico 2e plat 50, 51, 53hg, 52-53, 58-59, 61, 66-67, 68hg,68bd, 69h, 70h, 70m, 70b, 71, 84-85h, 85, 86-87, 88-89, 90h, 90-91, 92, 94-95, 98h, 102h, 103h, 104, 108h, 109d, 110, 110-111, 132-133, 134-135,135h, 135b, 136-137. Arxiu Mas, Barcelone 69m. Aurelio Acevedo, collection Jean Meyer, Mexico 106, 113, 114h, 114b, 115, 116, 121h. Bettman Archive, New-York 117b. Bildarchiv Preussischer Kulturbesitz, Berlin 65h. Charmet, Paris 16h, 16b, 43, 74b. Cinémagence, Paris 166bd. Cinémathèque française, Paris 164, 165h. Cinéstar, Paris 157, 165b, 166hd, 166md. Dagli-Orti, Paris couverture, dos, 2-3, 4-5, 8-9, 12, 13, 17, 19, 22, 23, 26-27, 28-29, 31h, 31b, 34h, 34b, 35, 40h, 42b, 43, 46b, 47g, 54b, 64, 75b, 79, 81b, 95h, 102b, 109g, 123. Darr Dominique, Paris 83. D.I.T.E., PPP, USIS, Paris80, 148. D.R. 129, 138, 140-143, 152, 155, 161, 166. Edimages/ Jourdes 47d. Edimedia, Paris 10-11, 30, 40b, 42h, 44, 54h, 56h, 56-57, 76b, 81h, 93b, 98-99, 100g, 100d, 101, 149. Gallimard-*L'Illustration* 67bd, 74h, 78-79, 96-97, 112, 119h. Giraudon, Paris 18, 20-21, 32. Giraudon-Lorette, musée royal de l'Armée, Bruxelles 33h, 38h, 38b, 39, 41b. Hachette/ Rol, Paris 77b. T. Horan/ Sygma 127. Josse, Paris 33b. Keystone 158-159. Magnum/ Cartier-Bresson, Paris 126-127, 128. Mannheim Kunsthalle 36-37. Modotti Tina, DR 1, 122, 124, 124-125, 125. Musée Carillo Gil, INBA, Mexico146-147, 151, 159. Musée de l'Homme/ cl L. Diguet, Paris 41h. Musée du Prado, Madrid 14-15. Peter Newark, Bath 24-25, 53hd, 60. Reforma/ Sigma 127. Roger-Viollet, Paris 48-49, 55, 78b, 121b, 130, 156, 160. Salvat, Barcelone 45, 67hg, 84h, 91h, 108b, 162-163. Sipa-Press, Paris 127. Tapabor, Paris 57h, 107. Top/ Faget, Paris 46h. Ullstein Bilderdienst, Berlin 49h, 63h, 63b, 72-73, 118, 131, 150. University of Texas, El Paso 65b, 73, 93h, 94h, 105h, 105b, 144, 145. Vigne Jean, Paris 77h, 112-113, 117h.

COLLABORATEURS EXTÉRIEURS

Perrine Cambournac a assuré le suivi rédactionnel de cet ouvrage. Roberta Maranzano a réalisé la mise en couleurs de certains des documents photos.

REMERCIEMENTS

Nous remercions pour leur gracieuse collaboration : Maria Teresa de la Rosa, de la Librairie française à Mexico, Jean Meyer, du Centre d'études mexicaines et centraméricaines (CEMCA) à Mexico, le Centre culturel du Mexique à Paris.

Table des matières